검은 날개와 푸른 편린

서지안 지음

FOREST
WHALE

제 2장. 내가 말하려던 건 그게 아니라

제 3장. 비주류의 황혼은 아름답다

제 4장. 그래도 우리는 서울의 밤 아래에

제 1장.

끝나지 않는 메아리

종달새

청춘은 한 페이지에 그치지 않는다던 그 말이
이렇게까지 원망스러워질 줄이야
너는 어느샌가 그 장을 조각 내어
한 조각 두 조각 또 절반의 절반으로 나누어
이름 모를 누군가에게 건네주고 있다
젊음은 순식간이라지만
생각보다 길고 가늘고 잘 늘어지며 한껏 버텨내어서
또 다른 조각을 만들어내기에
생성되는 마음들은 마치 영화 필름
한껏 넘쳐흘렀을 땐 양산형에 그치기를

처음이 그리워지면 우리를 떠올려
너 같은 애도 결혼을 하겠지만
덩굴줄기 같은 말로 남아있어

누군가 펼쳐놓고 간 성경책을 마저 읽는 기분으로
이제 다시는 넘지 못할
어린 날의 담벼락을 앞에 두고
머릿속에서 울려 퍼지고 있어

종이 친다.

또 올게,

caveman

다신 못 할 줄 알았던 것들도 아무렇지 않게 하며
생존!
마치 평행 세계처럼
두세 발 정도
뒷걸음질 치면 너에게도 내가 있나
약간 낡은 빌라와 흩날리는 얇은 모발
잿빛 가득한 청록색의 세탁기
정리되지 않은 현관의 신발 켤레들

곳곳에 거울을 매달아둔 건 누구였을까?
때로는 조금 힘에 겨울 때가 있다
십일월엔 따스하고 아픈 메아리가 가득

아 참

그러고 보니 이제 서로의 주소를 모르네

겨울의 작품은 흰색 아닌 회색

습기가 가득 찬 욕실에서 머리칼을 탈탈 털며 나오던
모습, 유독 발꿈치 언저리에 굳은살이 많았던 다리.
배가 슬슬 고파온다는 내 말에 보나 마나 텅 비어 있
을 냉장고를 뒤적이는 약간은 산만한 꼴. 한창 내가
열이 나서 밖에 나가지 못했던 초겨울에 "눈 온다" 외
치고 내 옆의 커튼을 열어젖히던 그때의 네 표정. 한
손에 폭 감겨 들어오는 네 머리 뒤편의 감촉까지.

너처럼 맑은 얼굴을 하고서는 슬픔 욕심 원망과 순수
함을 한 번에 그려낼 수 있는 사람은 본 적이 없어.

그게 꼭 어질러진 백색의 도화지 같다는
생각은 여전하고
역시나 도통 쉽게 잊힐 거 같질 않아.

두려워하며 응원하고 미워하면서 끔찍이도 아끼고
말도 안 되는 걸 동시다발에 하는 아이야
너 때문에 잠시 내려뒀던 것들
기어코 정체성을 잃지 않고 돌아왔어

몰래 까먹었던 다짐과 매달려 붙잡았던 꿈들과
숨죽였던 발자국 소리
습관처럼 끌어올리곤 했던 이불자락
이젠 깨달았을까
나만큼은 아프게 하지 않겠다는 그런 과도한 희생적
마음가짐
생각보다 유익하지 않다는 걸
이상하지
걱정 어린 명분으로 관계를 위한 거란 이유로
밤새 붙잡아두고 싸운 날에는
일터에서 꾸벅꾸벅 졸아대는 네가
자꾸 꿈에 나와
그게 너무 미안해서

각자 나누지 못한 악몽들은 창백했지
꼬여버린 생각이 많으니
소중한 순간마저 소유할 수 있을 리 없었고
내 세계의 전부는 네가 아닌데
불안하지 않을 때까지 성에 찰 때까지
자르고 오려 붙이고
내가 처음에 반했던 너는 어디로

잡아먹혔던 거야
어렸어서? 불안해서? 순수해서? 연약해서?
그것마저 아니라면 성격이 약아빠지지 못해서?

잡아먹히지 마
완벽히 나을 필요는 없으니

아무렴(outro)

그러니까
나에게 인사하지 않는 너를 상상하면
암울해진다는 말도 정말 취소야
닥쳐오는 태풍과 바람 따위도 어쩌면 당연해
야속한 것들이 승리할 수도
그래그래

너는 나를 울리는 영화니까
질질 끌다 못해 결국 거기서 마지막 대사를 뱉었겠지
어떤 크나큰 이름이 될 필요는 없었어
대단하지 못한 그 시절은 아직도 예뻐

왜 있는 그대로 더 누리지 못했을까
취조실에서 질책하고 심문하지 않는 사랑을 향해
행복을 빌어.

동결 미학

여름엔 더워도 저녁 창문을 잠깐 열어
습기가 잠깐 걷히고
노을이 내려간 자리를 바람이 감돌 때
방문을 그렇게 꽉 걸어 잠가야만
편해지는 건 아니었어

어스름한 기분에 어울리는 오렌지를 먹고 싶어
우리 집 냉장고에는 없는 것
내 사치는 그저
무게가 실리지 않은 숨을 쉬며
너와의 대화를 곱씹어보는 일이야
그거면 충분하지
아주 특이한 타인의 세계를
궁금해하는 버릇
아직 이별하지 않은 모든 것들은

내 손안에 있어
다행이라 생각한다
소용없는 마음이란 날 얼마나 무너지게 했었는지
제일 잘 알고 있어

너무해
그렇게 어리고 젊은 얼굴을 하고선 다 끝났다고 말하면
네가 사는 지상은 평면이 아니고
좋아하는 건 수시로 바뀔 거야
키가 더 이상 크지 않지만
그보다 더 장황한 마음을 키우렴
그 안에서 헤엄치는 짓은 너의 하루 일과
시시하다고 지루하다고
칙칙하다고 불평하려나

흘러넘치면 울렁이는 대로
메마르면 건조한 대로 좋겠어
촉촉하고 무던한 그 어깨엔
고개를 파묻고 싶어져

조금 더 나이가 들면
탁자 옆에 오렌지를 깎아둘 수 있겠지

방에서 꼭 걸어 나오지 않아도
무한히 확장하는 세상이 있다는 게
그래도 아직은 신기할 나이
우울은 산책으로 극복한다는 말 다 엉터리였네
서먹하게 지친 발걸음을 따라가면
잔광이 무수히 맴도는 너의 영역
잠깐 멈춰서서 고민했어
나는 이곳과 이별하고 싶지 않아

들고 온 과일 봉투를 문고리에 걸어두고 간다

Love is Banned

사실 잊은 적 없다. 못 보게 되는 날이 와도 그곳에서 기다리고 있겠다는 약속은 헝클어졌지만. 이제는 널 좀 유쾌하게 소비하고 싶은데. 아직도 허락 못 해주는 거니, 물으려면 나는 우선 네가 어디 있는지라도 알 아야 할 테다. 그래서 이별은 서로가 괘씸해지는 일이 다. 쉽사리 근황을 전해주지 않는 서로가, 더 이상 잠 들기 전 속내 같은 건 털어놓을 일 없는 서로가 너무 괘씸한 거지.

헤어지고 나선 이불을 여러 번 갈았겠지. 계절에 때 맞춰. 성실하게 또 어른스럽게. 네 알다가도 모를 취 향들은 여전하니? 조금 더 단순해졌더라면 싸울 일은 덜 하겠어. 우리 징글징글한 동갑내기 사이였다는 점도 참 향수병 돋게 하는 구석이다. 얼어 죽을 로맨티시스트 영혼들이 죄다 우리 몸에 빙의했었나 하는 생각. 입원실 차트에 꾹꾹 눌러썼던 네 글씨체는 회상할 때마다 웃음이 터진다. 정말 결혼 비슷한 뭐라도 할 줄 알았는데.

이름을 부르고 싶지만 말이지, 네가 싫어할지도 몰라서 입에 차마 올려본 지 오래다. 이제 와서 표할 수 있는 예의는 그 시절의 우리였음에 안도하는 것밖에 없다. 장난이나 치며 찡그린 표정의 주름을 펼 수 있는 게 나였던 그 오후들. 우린 오직 서로에게만 그 천운과 특권을 줬던 거지. 당연하게 생각하지 않는다고 말하면서 당연시했어. 그래도 미워하지는 마. 우리 그렇게 서로를 째려보기엔 풀어야 할 오해가 너무 많은 게, 참 불쌍하다.

끝에서 위로

자유로운 널 보며 자유로워지고 싶다 생각했어.
네가 가려둔 배경들은 나중에야 눈에 들어왔지.
얼마나 어렸어?
내가 널 만나는 동안 얼마나 이해했다고 생각하니.
떨쳐내 보려 기어 나온 요란한 발걸음만 보고
부럽다고 생각했어.
참 불태우며 사는구나
마지막처럼.
나를 제외하곤 매사에 계산적인 네가
너무하다고 생각했어.
철 들어버린 구석이 있다는 건 뒤늦게 눈치챘어.
잔뜩 취한 그날엔 줄줄 외우던 주변 길도 헤매더라.
내가 분명 여기 있겠다 했는데
끝이 멀지 않다 느껴서 그때 그렇게 화가 났던 건가.

취해버린 널 안아줄 아량까진 없었어.

어디로든 갈 수 있고 가야 하고

가야만 하고

갈 수 있게끔 해야 하는 그 기분

난 아마 평생 몰라.

매일 이른 아침부터 저녁까지 널 등 떠미는 게 뭘까 고민했어.

마음 놓고 먼 훗날의 얘기를 할 수 있다면 좋았을걸.

그때 알았어

막연하지 않은 응원 같은 건 없겠구나.

네가 쳐둔 그늘막 때문에

내 사랑이 항상 부족해졌었어.

나는 핑계와 명분과 여유가 넘쳐나서

누굴 한심하다고 말할 자격 같은 건 없다 생각해.

최선을 다해

널 지켜보고 찰랑거리다 엉키는 머리를 손 빗질하고

너 없는 새에 협탁 위의 먼지를 닦고

약 챙겨 먹으라 잔소리나 좀 하고

그랬어.
그것뿐이었어.

네 책상 위의 메모장이나 장비들 같은 건
처음엔 호기심이다가 나중엔 꽤 아렸어.
보면 안 될 것 같더라.
무슨 생각으로 그 먼 곳에서 서울까지 왔는지
알면서도 더 자세히 물어볼 수가 없었어.
막연한 건 널 아프게 하니까.

너와 같이 월셋집을 나누어 쓰던 친구는
화장실 옆 작은 방에서 재봉틀을 쓰고
염료와 스프레이로 옷을 만들어 다녔지.
취향대로 만들어다 자기 애인도 입히고 말이야.
볼품없었지만 예뻤어.
난 그런 걸 동경했었나.
말도 안 되게 가파른 그 반지하 빌라 앞 경사와
높다랗게 쌓인 주황 벽돌의 동네 작은 교회.
금방 끝날 장면처럼 웃고 애기하던 밤엔
주인이 누구인지도 모르지만 항상 세워져 있던

낡아빠진 오토바이 한 대 그 앞의 아지트.

다른 건 모르겠고

네가 그 배경에 너무 잘 어울렸지.

예쁘고 잘 바스러지고 한 철일 것만 같고

눈부시게 빛나서 눈부시게 아픈.

어릴 적이어서 미안해, 라 하기엔

크고 나서 마주했더라면

사랑이 아니었을 것만 같은 직감이야.

어떤 소용이 있었을까?

그 무엇도 바꾸지 못했는데.

지금 보면 아무런 힘도 없었는데

막막하지 않은 건 사랑뿐이라 생각했나 봐.

어려서

손댈 수 있는 것도 참 적어서.

그때 열렬했던 것이 마치 요즘 날씨보다 뜨거워.

근황을 전하자면

아직 갱신하지 못했어.

그렇지만 우리 아직도 어리다

괜찮아

사람은 무언갈 해결하려고 사랑하게 되는 게 아니지?
무력한 사랑의 시기가 도래했던 것.
그뿐이었을 테지.

홍조

그 애는 날 놓지 말아야 할 이유가 너무 많은데
그에 비해 손에 쥔 것은 너무 적다고 했다
사람에 취했는지 사랑에 취했는지
우리의 재주는 막연한 결론 짓기와 말끝을 흐리는 일
그뿐이었고
자각이란 시간에 간격을 두고 찾아오는 편
이 종점의 음영이 진해지고 내가 입술 벌려 발음하면
네가 때맞춰 실신해 버릴까 봐
카메라를 들어야 할지 수화기를 들어야 할지
아주 오래 고민했다

저 멀리 구급차 사이렌 소리
귀를 찌르듯 멍하니 분산된다
습관적으로 창문을 걸어 잠근다

진단서 없이도 충분히 알고 있었다
너의 수면 부족과 만성피로
더 이상 아무것도 해서는 안 됐다
쌓인 것들을 청소하지 못한 마음은
얼마나 혼란스러운가

여기까지 오는 도중에
얼마나 많이 버렸는데 제가 더 버려요,
내심 억울해하는 그 혼잣말
잠긴 목소리가 침울하다
아득하게 깊은 잠을 잤으면 좋겠다
언젠가 곧 떠나게 될 날들에는
적어도 한밤중에 나로 인해 깰 일은 없을 테니까
무얼 버릴 수밖에 없었는지 그리고
내가 지켜봐 온 너는
그럼에도 여전히 무얼 버리지 않았는지
대견함을 풀어 적어내고 싶은데
약점을 칭찬하려는 그 미련은
결국 퇴행하는 사랑의 산물임을 안다

나는 여전히 우리가 우리였던 세계가
싱겁지 않다
음성으로 들어버릇한 네 가정사가 여전히 어색할 만큼
너도 달콤 쌉싸름한 연애를 할 줄 아는 아이였다

나라서
내가 나인 이유로 할 수 없는 말들을 전부
식도에 욱여넣었다
두 볼이 불타고 나는 홍조라고 우겼다
돌아서는 길에는
제발 아프지 말라고 한 번 더 빌었다

여백

아주 시커먼 꿈에서 너를 본다. 또 지겨운 장면투성이. 오늘은 유달리 네가 꼭 날 알아보는 것만 같다. 반복될수록 이곳에서마저도 나는 기대를 걸고 있어서 죽고 싶어졌다. 내 눈에만 보이는 건가 싶은 시퍼렇게 물든 줄들. 그리고 아주 고요할 정도로 투명한 유리벽 몇 겹을 소음과 파편 없이 뚫어낸다면 너와는 손쉽게 만날 수 있다. 우리가 소실되었던 시간을 넘어, 여기는 무의식.

이 다정하고도 시린 환각을 차려놓은 것은 우리가 처음 만났던 겨울의 짓이냐 물었다. 너는 모르겠다고 여전히 무책임한 대답을 한다. 실재하는 세계 속의 너는 한참이나 덜떨어지고 모자란 인격체일지도 모른다. 마지막으로 봤던 날 그 이후로 내 그림에 훈수 두는 사람은 없었으니까. 웃기고 제 멋대로인 아픈 환상이다. 도망쳤다고 생각했던 기억의 길, 그 위의 모든 걸 동결시켜 이곳에 처박아두곤 했다.

벅참이 누적된 손끝은 신경이 몰리고 온갖 게 곤두서서 괴로워지고 만다. 예민함을 견디지 못해 툭하면 기존의 것들을 파괴하는 짓이 사랑이라 여기고. 현실감각을 잃은 내가 자꾸만 버리려 했던 것들이 이제서야 내게 일침을 가한다. 나는 이제 널 봐도 본 게 아니지.

안녕, 여기는 내 무의식.
언젠가 쌓아 올린 이 성곽의 유일한 생존자가 되어있어.

비행운

순간의 행복은 순간으로 소멸시키고
남몰래 그려보는 또 다른 마지막
왜 처음과 마지막은 분리되질 않는지
왜 가지게 되는 것은 겨우
아파질 나를 지키는 방법뿐인지
왜 이제는 도통 다정해지기가 두려운지

처음과 마지막을 아주 공평한 마음으로 싫어해 본다
집 밖을 나가지 않는 것은 어쩌면 그런 마음일 지도
모르겠다
앞서나가 상상하는 짓은
잠시라도 슬퍼질 것 같은 아이들에게 적용된다
언젠가 아물 일들이라 해서
아무렇지 않았다고 단정 지을 수 있을까

원체 모든 길을 아찔하게 가파르게 더듬어
위태롭게 걸어가는 편이다
아주 비겁한 마음을 먹어 공허를 무찌르기도 했다
불안과 맞서 싸워 이기는 법은 아직 터득하지 못했지만
사랑이 쉬운 사람들
무엇보다도 나 자신을 경계해야 한다
이 마음을
모든 처음들을 맞이할 자신이 없다

네게 인사하자마자
곧 또 인사를 해야 할 것만 같은 기분
처음 하나에 마지막 하나
처음 둘에 마지막 둘일 테니까

웃으며 눈물짓고 끝내면 우리가 꼭 아군 같아서
이내 좋게 마무리했다고 전하곤 하지만
누가 뭐래도 끝은 끝이다
타고나길 그런 건지
마지막이라는 사실을 실감하지 않고 이별을 넘길 수
있다면 그렇게까지 오열하진 않았겠다

눈물이 많아서 내 선택을 의심해서 자꾸만 매달려서
그 아이 짐을 싸면서 내게 말했다
눈물이 나는 건 네가 좋은 사람이라는 증거야
비겁한 마음에 죄책감을 덜어주는 말은
생긴 모양새마저 착하다

나는 너와의 처음도 마지막도
하나하나 기억하고
다 간직하고
언젠가는 다 잊을 거야
꼭 잊게 되겠지만
좋은 사람이라고 말해준 것만큼은
가장 마지막에 뒤늦게 잊어볼게

찌라시

소문이 너무 많은 너는 사람을 끌어모으는 힘이 있지. 이성을 차린다거나 어서 빨리 판단을 내리고 싶다는 그런 생각은 그닥. 네 곁에 서서 바라본 하늘은 짙은 빨강만 모여들어 새까만 지경이고 동물이라 하면 까마귀가 어울리고. 울적한 것에 비해 조용하진 않고, 소란스러운 것에 비해 너는 조급하지 않아. 난 그게 좋았어. 주변이 웅성거리기 시작하면 입을 열어둔 사람들을 일일이 세어다가 때려죽일 수도 없는 일이더라. 사랑하는 어느 이름이 거기에 오르내려야 하는 건 내 짙은 다크써클 탓일까 아니면 다 찢어지고 헤진 옷차림 때문일까. 한참을 한 곳에 고인 물웅덩이처럼 주저앉아 괴로워했어.

그러던 중 내게 찾아와 개의치 않아 하는 시선을 선물하고. 언제부터 같은 길 위를 걷고 있었는진 잘 모르겠지만 넌 가끔은 사람들 말고 저 하늘에다가도 중지를 치켜세우는 연습을 하라고 했지. 또 상식과 비상식은 누가 편 가르는 거냐고. 우리 앞에 눈깔 달린 사람들 그렇게까지 철학적으로 수준 높을 리가 없는데. 머리를 긁적거리며 발 동동 구르는 너를 보면 우리가 한참 더 어려진 것 같은 기분이 들었어. 넌 참 아무렇지 않게 내 과거에 덮어둔 천막을 들추고 이리저리 둘러보네. 축 처진 이 동공 앞에 갑자기 헤드라이트를 들이미는 느낌. 벅찰 만큼 반가운 이물감이란 단어로 설명이 될까.

아주 친근한 밤도 저물고 동트기 직전이야. 이제는 눈을 감아야지, 애써 토닥거리는 그 손이 조금은 눈물겨워. 철옹성 같은 너도 잠에 들려고 안간힘을 쓰는구나. 아픔은 사실 누구에게나 공평하다는 사실이 미워지기도 했어. 이해를 구걸하게 되는 상황들.

괜찮아! 이 편협한 세상 속에 살아남으려 약은 짓 따위 하지 않는 우리가 가장 착할 거라고 말했어. 항상 심장이 가리키는 방향으로 달려가고 싶지는 않았겠지. 그러니까 나는 이해해. 다른 누구도 아니고 나야. 나는 너만 이해해. 오직 우리만을 이해해.

난쟁이 사랑

그 일 그만두면 안 되냐는 말
어릴 적 아빠의 출근길에도 해본 적이 없는데
오해는 마 내가 널 사랑해도 우리 가족은 아니지
밥줄 끊으려는 건 아니고
내가 이렇게라도 투정 부리지 않으면
먼지 때 묻은 모자를 벗으며 내 뒤통수를 쓰다듬는 짓
더는 안 해줄 거잖아
욕실 들어서기 전에 꼭 안아주기로 한 거 까먹지 마
네가 철딱서니 없는 날 안아주는 일이기도 하지만
포옹이란 건 둘이서 하는 거니까
내가 널 안아줄 수도 있다는 뜻이야
내 팔 살결이 아무리 부드러워도
그 정도 간절함은 담아서 꽉 힘을 줄 수 있단 뜻이야

그저 사뿐한 발걸음으로
무언갈 즈려밟을 줄도 알았으면
세상 물정 모르는 아이의 잔인하고 시큼한 웃음
그런 걸 보고 배우는 건 어때
몇 번쯤은 따라 해 봐

넌 내가 아니라면
평소에 바라보고 걷는 시선의 방향이 너무 낮지
내 앞에선 편히 울어줘 창피해 해 줘
실수도 맘껏 저질러 줘
네 얼굴 주름이 다양하게 접히고
찌푸려졌다가 펴지는 걸 구경하는 건
내가 제일 좋아하는 일이니까
발랄하게 구는 것이 쉽진 않지만
내가 널 위해서 할 수 있는 건
이게 전부일지 몰라
미어터진 우편함을 생각하면
내가 어리광을 부리고 있는 게 맞아
줄줄 새어나가는 것들
밑 빠진 독은 누구나 가지고 있지

사랑받는 사람이 되는 데에만 몰두하지 않을게
가장 작고 강한 의지가 되어
네 앞에서 오래도록 서성이는 내가 될게
그럼 우리 언젠가 서로를 잃어도
주소와 마음의 위치쯤은 가늠할 수 있을 테니

최소한의 사랑으로 최대한 오래 남아보려는 발악
네가 아니었다면 굳이 안 했을 거야

기자회견

네가 가르쳐준 것들을 단편집처럼 엮어
브리핑하곤 한다
뭐라도 배운 척을 해야
이별의 억울함을 달래줄 수 있을까 봐서
점점 더 나아지는 사랑을 하고 있느냐는 물음은
역정을 나게 하기에 충분하다
별생각 없이 사는 것과 성숙하다는 것이
쉽게 구분되지 않을 때가 있다
왜 굳이 내 사랑이 더 나아져야 하냐고
물어보고 싶었지만
미숙해 보일까 망설였다
평소 무던해 보이는 지인을 오마주해
안정적인 사람 표정을 지어볼 뿐이었다

관계를 평가하는 이들의 공통점이 있다면
시선이 외부로부터 온다는 점이며
치밀어오르는 분노를 표출하기에는
그런 이들에게도 속절없이 흐르는 애석함
하나씩은 다 있을 거라는 점이다
이내 역정은 방향을 잃는다

시행착오라는 표현
은연중에 실수였음을 전제로 깔고 있나 불안해져서
사전을 펼쳐본 적이 있다
명시되어 있진 않아 다행이라 생각했다
과정들은 목표 달성에 기여하기에 이른다는데
때때로 너무 큰 의미를 지닌 것들은
실패작이어도 실패라 부르기 죄스럽다

시끄러운 록과 힙합을 즐겨듣던 사람도
재즈나 클래식을 입문하는 시대인데
나는 언제까지고
신나면서 웅장한 비트에 어딘가 슬퍼지는 가사의
그런 어리숙한 음악을 좋아할 것만 같다

실패작이 아닌 다른 무언가로
널 정의할 수 있는 자유를 달라고
구걸할 필요는 없었다

페일블루아이즈

아무 데도 가지 않아, 난 떠나지 않는다는 그 말이
왜 꼭 이미 다른 곳에 가 있는 것 같을까
수없이 많은 창문을 걸어 잠글 것만 같은 표정의 너
사랑하는 얼굴치고는 오싹한 구석이 있는데
창백한 피부가 가끔 장난스러워질 때면
너도 그저 가여운 인간인가 갈등하게 된다

시간을 함께 보내면 정신이 멍해지고
자세가 나른해지는 기분이다
시시때때로 볼을 꼬집어보면 별로 아프지도 않아서
그렇다고 또 무감각한 것은 아니라서
샤워하다가 멍을 때리다가
졸도해 버린 채로 차가운 바닥에 드러누우면
이런 느낌일까 생각했다

언젠가 너도 그런 짓을 상상했겠지 생각했다
또 내가 없을 때의 너를 알고 싶다고도 생각했다
무언가를 더 원하고 있나 보다

온갖 생각이 번지고 엉키고 옮아서
모든 감정은 애매모호한 채로
그저 하나의 상태가 된다
앓아본 적 없는 두통을 겪게 될 것이다

재잘거리는 아기 새의 모습이 떠오른댔다
내가 가진 사연들 금방 바닥날까 두려워
강박이 있는 나는 또 눈동자를 데굴데굴
감춰둘 것들을 찾는다
생일이 언제인지 물었는데
괜스레 알려주지 않았다

시에스타

조향사만이 낼 수 있는 배율
좋은 향에 좋은 향을 섞으면 환상적인 내음이 날까
별개의 이름을 가지기에
여태 우뚝 서 있을 수 있었던가

동떨어진 쌍둥이 섬을 사랑해
달큼한 콧바람은 너의 재능 너의 저주
농익은 과일 향이 맴도는 지중해성 기후같지
너의 품 안에 주거하는 모든 것들
대낮에는 최면에 걸린 듯 쓰러져 잠을 자고
집의 모든 벽과 지붕을 흰색으로 칠한다
찬란한 척
위장한 것들이 고독의 팔짱을 낀다
피리 부는 사나이를 악하다고 말하지 않기로 한다

열광하랴 감탄하랴
그건 멍청한 시장과 아이들이 문제였다

그러니까 누구는 재료고 누구는 상품이고
너는 그저 가장 눈에 튀는 게 꿈이랬다
이왕 그런 거라면
예쁘고 허물없는 네 고독이
그중 제일 비싼 향수병에 담겨 팔렸으면
좋겠다고 생각한다

네 가장 찬란했던 무대의 조명 아래 그림자가 되어

초여름 그리고 미지근

네가 안아주는 품은 어릴 적 안겼던 장면보다 선명해
이렇게 말하면 아빠는 억울해하겠다
유독 투정 부리고 싶은 건
그만큼 네가 잘 받아줘서일 거야
시간이 흐르다 말아버리는 계절
춥지도 덥지도 않은 애매한 바람을 두르면
더 이상 나이 들지 않을 것만 같은 기분이 들어

여전히 이 생각들을 잘라내지 못하는 걸 보면
여태까지도 착각만 하며 사는구나
그래도 달리 해결책이 없는 거라면
떠나게 될 때 서로의 눈을 가려줘
눈물겹게 재워주고 가
우리를 억지로 묶어둘 변명이 다 사라지고
심통 부리기를 주고받던 게 기억나겠지

너의 말도 두둥실 떠오르겠지

미지근한 물에 오래도록 발 담그고 있는 건 쓸데없는데

일상은 그런 거라고

곧 사랑이라던 너의 말이

뜨거워 죽을 지경은 아니었지만

요상하게

시간이 지나도 잘 식지 않는 마음이 있어

사랑해

제 2장.
내가 말하려던 건 그게 아니라

트라우마

전쟁 같은 폭언의 호수

쏟아내는 말들의 어절을 세어봐

화가 난 네 얼굴을 핥으며

긴장감이 죽을 만치 좋아서

나는 너의 물어뜯긴 손톱을 구경하고

처음이면 종종 붙여주던 대일 밴드

요즘도 간혹 약국에 들렀다가 나올 때면

오래전 퇴근길의 너를 만날 것 같다고 착각한다

격정적인 사랑은 침묵 정적으로

머뭇거리지 않는 호흡은

어릴 적만의 체력이다

모든 것이 지쳐가는 세계에서

싸움은 시간을 절약하는 방식으로
물음표와 온점 그리고 다짐으로 끝마치지
성숙함이란 목표치에 미쳐서
생각나
방문을 열고 열고 또 두드리고 다시 쾅쾅
그땐 이 짓을 오십 번은 해야 했었는데
문턱에 걸려 넘어지기도 쉬웠는데
차근차근 할 말을 끝내고
대본을 넘기면 응 네 차례야
치고받고 물어뜯는 바람에 피투성이였던
이게 그리워지기도 하는구나
눈앞에 어른거리는 네 집 화장실 벽의 붉은 물때 같아

맘이 허기지거나 어딘가가 아파오면
바보처럼 너만 에둘러 찾았었지
날 위해 울어주던 잔상이
커튼 아래를 물들여
물건을 박살 내고 던져도
잃어버린 걸 찾지 못해 동공이 한껏 떨리는 널 보고도
구석에 차분히 있었어

그 모든 처절함과 추함을 마주하면
진통제 없이도 견딜 수 있을 줄 알았는데

그 길로 터벅터벅 떠나
흔들리지 않는 땅에 도착
아주 성숙해지기만 했어
생략 가능한 괴로움들엔 짧은 인사를
쓸데없으니 건너뛰자고
그치만 잃어버린 게 좀 많은 기분이야

그래서 지금 너는 너야?
너는 아직도 너야?
사랑 앞에서
나는 많이 변했지만 모든 시작엔 네가 있다

로그아웃

넌 네가 말하던 모든 불행들을 피해
살아가고 있나
불안함엔 여러 이유가 있다는데
걸어온 길 그 안의 속내를
우리가 지샌 밤들은 이내 아무것도 해결하지 못했다
그저
내가 널 살릴게 도와줘 미안해 사랑해
불쌍해 이걸 네가 아님 누가 해
이런 말만 반복되는 게
아무래도 물려서
질릴 수도 있다는 게 꽤나 아파서
어떻게 해서라도 사죄해야 할 것만 같았다

네 손 잡고 달려갔던 그 숲은

청록빛 내가 기억하는 가장 진한 색의 자유

탁 트였던 해방감 잔혹함과 아픔

숨어드는 구석구석

이것 좀 봐 예쁘다며 나를 불렀는데

보여주는 수풀마다

그래 거기가 네 은신처구나

혼자 와서 헤매다 이것저것 심었겠구나

어쩌다가

그 이야기를 끝까지 들을 용기가

내게 진정 있긴 했던 걸까

해가 지면 어디까지 와버린 건지도 알지 못했어

덜 자란 키가 조금은 모자라서

뛰어넘지 못한 것들만 한가득

이건 저 너머에 들판이 있다던 네 말을

믿지 못했던 것에 대한 사과야

어른들 말 좀 들으라고

이상에 널 홀로 두고 돌아온 기분은

지금에서야 실감해

미안해
너에게도 그 당시의 우리에게도
끝없이 사죄해
더 이상 안부를 물을 수도 없이
그만큼

영

가장 싫어했던 무언갈 징그럽게 닮아있고
너무 쉽게 잘 웃고 울고
세상에 소신 있게 외칠 줄 아는 그런
그런 아이들은
남들은 쉽사리 헤매지 않는 곳을
헤매지
멍청한 거지 그래, 멍청한 척에 소질 있어
누구보다 순진하고 싶었을 거야
비슷함을 발견하기보단
색다름에 덧칠하길 좋아해
이딴 타입 받아줄 리 없잖아

결국 그 동네로 돌아가게 됐어,
사정이 좀 그렇게 됐어
라고 말하던 날 그리고 네가 지었던 표정
가장 먼저 들었던 생각은 뭐야
닮은 거라 착각한 거지
나는 겹쳐 보이고 싶었어
물들고 싶었어
내게 깔린 수많은 전제들을
영으로 회귀시키려 했어
발목을 잡는 것 훼방을 놓는 것이라면
오직 나뿐인 네게
근본적인 건 문제가 되지 않는다고
내뱉었던 그 말을 증명하고 싶었나 봐
불쾌하지 않은 끝을 장식하면
도망친 건 아니라는 기분이 드니까

동경하는 부류는
항상 미련을 한 움큼 빼고 무언갈 넣어
그게 용기인지 객기인지 투기인지 패기인진
알 수가 없어

아직도 생각해, 덜 들춰진 치부가 있나
뒤통수가 얼얼했던 경험이 너무 많나
그래서 가끔은 더 외로이 살고 싶어
혼자 살아도 아무렇지 않은 법을 알았다면
내 생에 널 투입할 필요는 없었겠지
난 내게 부족한 독기를
채워주는 사람을 사랑하는 굴레에 빠졌어
종종 생각이 넘쳐 괴로워서
저런 이유 말고도
널 좋아한 계기를 찾는 연습을 많이 해
그 점에 대한 집착이 상당해서

오늘은 침대에 나란히 누운 너보다
조금 일찍 눈을 떴지
창문 너머의 날씨가 괜스레 화창해서
기분이 그저 그래
너와 나는 이미 엇갈린 걸까 생각해
돌아갈 수 있는 곳이 절실한 사람과
돌아갈 곳 없길 바라는 사람이
함께 대청소하는 기분으로

암막커튼

좋아하는 신발을 신고 문을 걸어나서는 일
몇 번이나 있었을까
서운함이 버릇이던 내게 물었지
몸 상태가 좋지 못한 게
날씨가 별로인 게 네 탓이냐고
아니
내가 가진 문제는 너에 대한 상상이지
우리를 억지로 묶어둔
우리의 시간을 단단히 엮어둔 기대
너라는 몰입감 없이는 하루도 살아내지 못하는 게
내 가장 큰 죄야

행거에 걸어둔 옷들은 욕심

무너져 내리려는 신호

네가 집에서 담배를 피우려 하면

입지도 않는 옷에 냄새 배니 피지 말라 말리는 건

나의 허구한 미련

언젠가는 다 입게 될까 봐

자주 너에게 동의를 구해

너도 사람이 싫지

우리는 우리끼리

위선적이지 않은 더러움을 추종하면 될 일인데

가장 순결하고 온전한 마음일 텐데

내 사랑은 절대 죽지 않는다고

어떻게든 널 간직하다가 끝내 체와 거름망에 걸러

나의 일부로 할애할 숙명

생애 기억의 구 할이 나쁜인 네가 좋아서

이 집에서 잠시라도 떠나려고 하면

너도 내가 사람이라서 싫은 거냐 하겠지

이 애는 또 다른 나야 인사해

그러니까 내가 빠진 너의 미래 계획 따윈

다 무너지게 될 거라고

참 끔찍이도 소중하니까 말야

그것들은 초췌할 때 빛을 발하는 법

왜곡된 신념도 아름답다고 믿어야

내가 살아

내가 살지

기댈 곳이 여기뿐이라면

너는 나랑 닮지 않았어도 닮았다고 말할 거야

네가 나와 같은 추레한 믿음을 가지고

비슷한 악몽을 꾸기를 바라

그래야 내가 널 이해하지

꿈의 벽을 허물고 나오면 내가 있을 거야

그리고

언젠가 신발장엔 신발도

행거엔 그럴듯한 옷 한 벌조차 없을 거야

침수하는 방

미치도록 평범한 날들의 이야기도 써야 해
누군 언젠가 들었던 그녀의 말 한마디에
헛되이 영원을 심지
툭하면 바다에 가자고 여름이 되고 싶다고
응 싱거워지고 파묻혀가는 날들에
되려 보란 듯이 지독한 사랑을 하는 건 어때
우리는 수만 명의 사람들 사이 흔해빠진 수다만 떨고
누구라도 왔었을 곳들을 처음처럼 오가지
사실상 여기저기서 빼다박아 짜깁기한 것들

장마 덕분에 너와 나는
지겨울 만큼 똑같은 냄새가 나는 이 집에 틀어박혔고
새로이 보고 듣는 게 없다면
이미 가지고 있는 것에 대해 얘기하게 된다는 걸 아니

불안은 불안을 낳고 행복이 행복을 낳겠지만
대체로 울적하겠지
이 경계선 안에선 모든 게 둔하고 흐릿해
흥분해서 내뱉었던 말들인데 잠식당해서

언젠가부터 온통 이 집 냄새만 진동하니
더 이상 구분할 수가 없어
목욕하다 새어 나온 물기인지
빨래를 널다 남은 습함인지
나도 모르게 서운함에 흐른 눈물인지
어쩔 줄 몰라 하다 쏟아진 것들인지
그냥 그렇게 죄다 울컥
꿉꿉했던 기억만큼 진절머리 나기를
무서울 정도로 배어버렸기를

매 사랑마다 전성기를 찍자
보름 넘게 빗줄기만 내리는 지금처럼
남들이 가장 질렸다고 말할 때
무력함의 고립 속에 피어나는

그러니 나는 내 삶의 정체기를 사랑하게 되겠지
머무르지 않고선 못 배겼던 이유가 있었을 테니
장마가 없다면 그게 여름이겠냐고
그래 망설이지 말고 지금밖에 할 수 없는 것들을 해
머리가 꽤 커버렸는데도
서로 죽고 못 살아 애달파하는
멸망과 닮은 것들을 동경하니까
밖에 나가고 싶지 않게끔 만들었던 날씨를 기억해
네 눈동자 뒤편까지 뚫어져라
쳐다보면서
회색빛 어둠 깔린 하늘을 기억해

심야 영화

작품에 너무 몰입하는 성격이야
그게 싫을 때가 많아
뭔가를 마주하고 호소하고 우두커니 뒤돌아서
영화관을 나오는 길은 섭섭하다
작가가 말하려 했던 게 꼭 나한텐
네 얼굴이 말하던 것들 같아서
기억 속에 영화 하나 빚어내며 살아

널 만날 때에 비하면 눈물이 잘 안 나
우린 같은 눈빛을 주고받았던 게 맞았을까
믿고 싶은 대로 보고 있어
이 눈은 과거를 해석하기엔 제 멋대로라
지금에서야 그때를 제대로 기억할 리 없지
오려 붙여 덧대는 게 전부였어

지켜보는 그 장면의 색감이
아주 흐릿하게 막이 하나 덧대어져서
꼭 금방이라도 천사 날개 더미가 흩날릴 듯해
사실 이건 몇 년 전을
아주 선명하게 되살리고 싶은 나의 간절함이야
왜일까
어떤 때일수록 널 더듬어가며 그리워할까
먹먹한 것들의 시작점을 찾고 싶어

평생 오래도록 곱씹어다가 쓸 거리가 많았으면 해
이제 슬슬 우리 서류 문서의 밑바닥 같아 불안하거든
기록한 것들만 해도
그때 우리가 키우던 가난함 정도는
거뜬히 먹여 살릴 수 있을 것 같은데
많이 많이 적어서 또 아주 많이 벌어서
스물하나 겨울로 돌아갈게

있지
다른 이름을 아무리 종이 위에서 굴려봐도
할 말이 딱히 떠오르진 않아

네가 지배하고 있는 이 새벽엔 해가 안 뜨고
널 만나게 될 날 무슨 말을 하면 좋을까
난 침대에 누워서 계속 생각하지
혼신의 힘을 다 해 기타 연주하는 가수를 봤어
할 수 있는 게 스트링을 벅벅 긁어대는 것뿐인 걸까
무언갈 엄청 그리워해본 적 있는 거겠지
아마 그 사람도

나는 저 터널 안쪽의 너를 바라봐
아직도 하염없이
정말 오래오래 인사하고 있는 기분이야
미래엔 다른 사람이 그 몸을 차지하고 있으려나
겨우 하나의 생인데
단편 하나쯤은 괜찮잖아
그만 놓아달라고 부탁하는 게 맞을까
벌써 여섯 시다
여름의 새벽은 너무 밝아
멀쩡한 정신과 눈은 억지로 감아볼게

투신

한적한 골목에 트럭을 세우고 짐 나르는 아저씨를 보며
그 애를 떠올린다
네 시간은 짧고 굵고 내 것은 마치 얇은 실
끝없이 연장되고 늘어나고 풀리는 게 참
끈질기고 허술하다
불행함의 차원이 다를 거 같다는 이 생각은
너에게 칼날 달린 손잡이를 건네는 짓이다
인사를 해도 사과를 해도
항상 약간씩 비뚤게 서 있는 너는 듣지 못하고
정면으로 나를 마주하는 법
아직도 모르겠니

뻔히 다 알고 있는 사실을 읊어낼 수 없을 때
내 문장들은 네 심장 문 앞에 우뚝 서서
한참을 멍때린다
하루이틀 견뎌내어 한 달을 살아내는 사람
그렇다면 벌써 내년을 걱정하고 있으려나
네 순정은 고층 빌딩 위에서 뛰어내린 지 오래
절대 죽어도
오늘을 살 수 없는 걸까

누군가의 낭만은 일찍이 불타 사라지고 없다.

이 집에서 나가

기죽은 듯한 그 표정
네 동공에 악의라곤 전혀 읽히지 않아
더 고통이었다는 거 알까
나를 질책하니
이토록 늘어지고 무거운 연애를
질질 끌고 갈 수밖에 없었던
나의 침묵과 선택들을
가끔 폭주하고 종종 지쳐있으며
부쩍 난동을 피우는 우리의 반려견은
어떻게 다루는 게 맞다고 생각해?

사랑을 가르친다는 일은 나를 여러 번
절망하게 만들었었지

품이 넓은 사람이 되고 싶다는 다짐을 곱씹다 보면
어느샌가 난 이 관계의 벼랑 끝에 서 있었어
너와의 매일이 한껏 징그러워진 채로

홀로 아침밥을 챙겨 먹고 나가는 일쯤은 아무렇지 않
았지만 피곤한 사람이 되지는 말아야지 하며
그렇게 내 사랑은
온통 소거법이었던 것 같은데
생략하고 무시하고 삼키고 외면하며 지우다가
오랜만에 너의 얼굴을 제대로 마주하니 눈물만 나
후드득
객관화해서 보려 해야 한다고 몇 번이나 설명했어
떠나지 말아야 할 이유 같은 건 없다고
죽어라 익숙해져도 우린 다른 곳에서 왔으니

여기까지만 할까
네 앞에서 다 큰 철학가인 척을 하는 것도
그만두고 싶어
널 앉혀놓고 설명하는 것도
넌 나의 애인이지 강아지가 아닌데

그러니까 더 이상
내가 너에게만 하는 고백들을 무안하게 만들지 마
과분한 사람이라 불리고 싶지 않아
너에 관한 것들을 체념하고 싶지 않아

눈물을 닦아주기만 하네
더는 변명하지도 억울해하지도 않고
할 수 있는 게 그것뿐이라는 듯이
너를 부르려면 언제까지 힘껏 울어야 하지?

물기마저 말라버리는 날이 곧 올 거야
널 닮는 데에 실패한 내가
악을 쓰다가 지쳐 잠에 들 텐데
내가 가진 연민의 반이라도 가져가 줘 봐

온통 화가 많은 기억이다.

A/S

다시 돌아간다면 너의 그녀 이름을 미리 외워두고
사람에게 사랑이란 무한히 반복되는 것임을 기억하고
네가 소개해 준 지인들은 결코 내 편이 아님을 자각
하고
그러면서 살아가겠다고

너도 불안이 기웃거리는 네 방을 고치려 들지 마
손 봐주겠다는 애들 말 따윈 듣지 마
나도 그런 년들 중 하나였지만
첫째는 항상 무식한 덕에 해맑게 크잖아
둘째 아이는 무조건 약았다는 점
너는 그걸 알아야 해

그나저나 지치지도 않니 사랑

네 노동력은 아주 공평하고 성실한 개새끼

일관성 없는 놈이라고 욕하는 심리는

내가 그 들판에서 가장 큰 집터가 되고 싶었던 거겠지

업데이트 실행하면 바뀌는 윈도우 화면인 줄도 모르고

지분이 가장 큰 네 기억의 대주주 자리

늘 그걸 탐내

꿰차고 앉을 수 있다면

평생의 이별도 끄떡없지

그리고 너는

항상 내가 아닌 그녀들을 조심하렴

지진 조기경보

생일이 지난날 집 앞에 쌓인 선물 같은 건 없었어
내가 챙기지 못한 탓이겠지
옆집 사람이 애인과 싸울 때
찾아가서 중재라도 해야 했나
대각선 방향인지 모를 윗집 층간소음에 휘갈겨 썼던
날 서 있는 메모가 문제였나
너희가 어떤 하루를 보내는지는 알지 못해
사실 나 남들에게 크게 뭐라 하지 않는 성격인데
인간들 사이에 낀 방관자 같아
이것도 좋고 저것도 좋은
그저 아무래도 상관이 없는 거야
차라리 벽 하나를 사이에 두고 건반을 쳐줄까 싶기도 해

맞다 나 생각났어
동이 트는 새벽녘 텅 빈 주택가 골목을 묵묵히 걸어서
집에 귀가할 때 이런 기분을 느꼈었어
납작한 세상에 비해 여기 진폭이 너무 커서

출근길 바로 내 앞에서 벌어진 처참한 사고를 봐
누군 그 남자 사지가 멀쩡했냐 물었지
버스를 놓칠까 싶어 잘 보지 않았어요
일면식이 없는 얼굴
덕분에 내 하루는 멀쩡해
그러니 말해 난 이제 궁금한 게 없다고

근데 아지랑이 같아 자꾸 헛것을 봐
미안할 필요가 없는데 괴로울 필요도 없는데
안부를 물어야 하는 이유가 점점 사라지는데
아직도 밤낮 가리지 않고 뭔가를 적어 내려가는 병이
있어

생일 같은 날에는 꼭 엄청 큰 꽃다발을 받고 싶어 하는
은근한 속내가 참 야무지다

남에게서 멀어지는 건 왜
나조차도 알 수 없게 되는 느낌인지
나는 남이 아닌데
나는 하루 종일 질리도록 날 들여다보고 있는데

모든 게 달라진 지상의 하루 어느 날 아침에는
아주 과분한 인사를 받는 상상을 해
받은 게 생긴다면 베풀 수 있게 된다면서
나 엉겨 붙어 뒹굴며 웃고 싶어
긍정적 아니고 낙천적으로
그러고선 배운 대로 베풀지 않아도 된다면 정말 좋겠어

바닥에 커피를 쏟고서 한참을 멍때렸어
닦지도 치우지도 않고
이 귀찮은 버러지 같은 일을 대신 해준다는 건 뭘까
베풀고 싶어지는 마음이란 게 실재할까.
이해하고 싶어
배우고 싶어.

이거 그 사람 얘기가 아닌데요

그가 사는 작업실은 집의 구실을 하지 못한다
처음 둘러보자마자 알 수 있었다
그래서 집이 되어주고 싶기도 했나

음악한다는 놈 중엔
돈을 벌겠다는 놈도 이상을 좇겠다는 놈도
예술을 하는 자신에게 취한 놈도
그냥 여자가 너무 좋다는 놈도
그중 누가 가장 위험인물인지는 아직도 의문이다

나는 특이함에 환장하는 편이었다
좋아하는 가수의 초창기를 기억한다
가사가 허술하지 않다는 건 큰 메리트가 된다
그러나 딱히 별 의미는 없다고 말하네

그런 게 어딨어
거짓말을 할 때는 눈 밑이 떨린다
서사 있는 사람을 좋아하는 버릇은
오래가지 못했다
그게 다 자기연민이구나 생각하게 된 건
최근의 심정 변화이다
나는 이제 그 가수를 좋아하지 않고
새벽 늦게까지 오가는 이야기에 눈물 흘리기보단
돌아누워 내일을 향해 잠들고 싶다

이 세상에 오직 하나
그게 말이 된다고 생각하니
여기 천장이 하늘뿐인 옥상에서
네가 기생하던 작업실 주변을 내려다보면
그 사랑과 유사한 색이 너무 많이 보여서
내 추억은 옹졸한 입술을 깨문다

한창 좋아하던 십자가 악세사리들이
어제는 갑자기 너무 과하다고 느껴졌다
주렁주렁

화려한 것들은 무언가를 잘 가려주는 습성이 있다
우린 늘 특별해지고 싶고
찢어진 상처를 알고도 웃어버리는 유쾌함을 꿈꾼다
습한 날에도 보드를 타고
책상 위엔 먼지 엉킨 낡은 키링들
질질 끌고 다녀 뜯어진 바지 밑단은
살랑살랑 하얀 살결의 사람들과는 달라서
존재가 더 선명해지는 듯한 착각이었다
이런 연애도 흔해빠졌다는 점은
너를 보지 못하게 된 이후에 깨달은 사실이다

시키지 않아도 가게 되는 길이 있다
그게 선천적인 지병인지
누구에게나 잠시 나타나는 증상인지
한 철 장사인지 피에 흐르는 무언가인지
가시밭길을 굳이 걸어가는 사람들의 발엔
각자만의 거대한 갈망이 그려져 있나 보다
때로는 궁금하다
성숙한 손길이 다가오면 그 강박을 내려놓을 수 있을까

착시현상

어떤 호칭 혹은 이름들이 입 언저리에서 툭 떨어질 때. 오랜만에 발음해 보는 것들은 항상 반갑고 여느 때나 전생 같지. 언제든 뚜벅뚜벅 걸어 나올 것 같은 존재와 내 앞엔 죽어도 모습을 내비치지 않을 것만 같은 존재. 그들 중 내가 더 그리워하고 있는 건 당연히 전자겠지, 고민했어. 그러다 깨달았지. 색이 점차 빛바래고 옅은 꿈에서마저도 너를 보는 일이 드물어진다면 그때는 전자 또한 후자가 되겠구나. 둘의 차이가 있다면 그건 시간 선상의 문제들 혹은 현실감각 정도뿐이었어.

어설픔을 자각할 틈도 없이 흘러가는 일상과 정신없는 사고 속에서. 사랑이었던 것이 말도 안 되는 추억 거리로 남는 데엔 어쩌면 우리의 나이 들어감이라는 원인이 있을 것만 같아. 그 당시에는 끈질기게 포기하지 않는 습성과 딱히 중요하지 않은 미래가 있었지. 조금의 아쉬움은 늘 당연하다는 점, 두 마리 이상의 토끼를 모두 붙잡을 수는 없다는 것. 그리고 꼭 마지막일 것 같은 이 밤은 전혀 그렇지 않다는 사실. 너무 잘 알게 된 것들. 관계에 대한 설득력을 물어 따지게 된 시점부터 내 안의 낭만은 위축되어 곪아왔어.

도움을 주지도 청하지도 못하고 고질병이 되어버린 사건들에 관하여 말해볼까. 아무래도 너만 있으면 될 것 같았던 미래. 그런 허황한 소리나 해댈 거면 입 딱 치고 각자의 선택을 하자고 호통이나 쳤어. 더 많은 욕심과 기대치들이 생겨나서 어질러진 마음 그사이 아무 곳에나 우리를 방치했어. 망가져도 괜찮은 날들 이제 다 지나가 버렸단 사실이 나를 더 단단하게 빚어내지. 그럴 수밖에 없게끔 말이야. 이왕 할 거면 언젠가 다음에, 누군가와 완벽한 사랑을 하자. 인정해. 손대면 무너질 것 같은 우리는 아직 약해도 너무 약해.

빈집

이별을 말하는 것은 엄청나게 약아빠진 선택이었을지도 모른다. 나 이제 도망치겠다고, 더는 못 하겠다며 먼저 파업 선언을 하는 것이겠다. 그래서 결국엔 누가 멋진 삶을 영위해 내고 있는지 자랑하겠다는 결심도 해볼 테다. 발버둥 치듯이 뛰쳐나온 지하실 문 앞에서 날 반기는 건 처참하게 흘러가고 있는 익숙한 일상의 광경이다. 이름과 관계에 파묻혀 잊어버린 것들이 무엇이었나 생각한다. 너에게 안녕을 말한 것은 꽤나 철학적인 접근이었으려나. 세상에 쫓겨 너를 잊을지, 너에게 빠져 세상을 지울지 고르는 것과 비슷했다.

어린 나이에 적당함만큼 어려운 것은 없었다. 너를 포함한 내 주변의 세계를 모두 챙긴다는 일은 투박한 마음의 모서리를 잘 가다듬고 부족함들을 인정하고. 가끔은 창밖으로 고개를 내밀기도 하며 울다가도 달력을 촘촘히 확인해야 하는 일이었다. 화가 난 너에게 용서를 구하다가도 급한 업무 전화에 외투를 챙겨입고 나와야 했다. 벌어지고 말 간격의 미래에 관한 이야기는 쉽사리 할 수 없기도 했다. 마주하기 두려운 것들의 연속은 왜 하필 그 아름답다는 사랑 앞에 놓이나.

늘 삐져있는 듯한 너의 뒤 꽁무니를 쫓는 기분으로 오늘도 길을 나선다. 헐어서 살갗이 벗겨진 지 오래인 뒤꿈치가 예고도 없이 생색을 내기 시작하고 나는 문득 올해가 몇 년도인지 기억이 나질 않았다. 제자리에 서서 손가락을 접어본다. 네가 여전히 저 앞에 걸어가고 있다. 아직은 다행히 어린 편에 속하는 내 나이를 세어보았다. 너를 뒤쫓아온, 서로를 쫓아온 날들 이만하면 됐을지. 이젠 네가 앞에 있는지 저 뒤에 있는지 원래 살던 곳으로 돌아갔는지 도통 보이지 않는다.

초점이 나간 장면들보다도 아픈 건

서로에게 역부족이었던 마음의 그릇을 체감하는 일

이었다.

그녀의 유언

찰랑거리진 않지만
손가락에 적당히 감기던 머리카락
육십오도 정도 되는 각도의 앙칼진 시선이
지독하다 못해 위험하다고
얘기해주려 했는데
우리의 밤 언제나처럼 찾아오는 것이 아니고
희소하다 못해
나타나자마자 사라질 것 같아

허여멀건 안개를 거둬들인
천막 아래의 정오쯤이면
내게 아직 남아있는 졸음과 함께
창밖으로 날아다니는 비둘기 보는 척을 해
여기는 낭만적인 유럽의 광장이 아니지

그녀가 무슨 생각을 하는지 그런 것쯤
한 조각 더 알았더라면
체한 것 같은 기분이 조금은 내려갔을 거야
너와 머무는 곳들
정체를 밝히기 어려운 감이 있어
그녀를 아는 또 다른 지인이 없어서
내 중얼거림은 신빙성이 부족해

그럼에도
하염없이 날 죽이고 또 살리던 그 소리가
네 영역에선 들리지 않아서
불안과 평온의 양극단을 헤매게 됐었어
욕실의 김과 함께 새어 나와 깔리는 잔향
혹은 끝까지 말해주지 않던 것들의 이름
덕분에 나는 끝과 끝을 오가기 바빠

그녀 곁의 불편하고 새로운 것들은
왜인지 모르게 반가웠고
어울리고 싶다는 생각을 하게 해
전혀 모르는 상태여도

모르는 채로 감히 안아볼 수 있지 않을까 하고

이건 확실히 문제가 있어
사람은 본능을 참으며 살아야 한다는 말

어느 날 정신 차리고 보니
내 바람은 욕심 또는 심술이 되어있고
기억의 어미에는 쌍시옷이 붙어 과거로 확립된 거야
그래 이유를 찾아 대본다면
네게 선명하지도 다채롭지도 못했을 나니까
그녀는 소싯적의 세계가 문득 그리워졌겠어

입버릇처럼 하던 말들을 알지
사는 동안에는
죽고 싶어질 때 안길 품을 꼭 정해놓고야 말겠다고
돌아가고 싶은 시절 몇 없지만
끝나지 않은 밤이 아직 하나 남아있다고

정원사

네가 극찬해 주는 것들
곧이곧대로 받들기에는
지금 너의 왜곡이 상당하고
내 속내는 미치광이 노인이 키우는 꽃밭
고마워 고마워 고마워
세 번을 말하면
이건 강조된 표현이니 희석되어 버린 마음이니?
당혹스러워 모르겠다며
손사래 치는 네가 쉬이 그려진다
태도의 문제라고 하는 사람들도 있었어
그저 지친 것뿐이었는데

취향 참 좋다는 말에 생각나는 건
너도 하나쯤 갖고 있을 먼지 뒤덮인 피규어
우린 서로에게 어떤 종류의 폐기물이 되려 이래

너는 내가 결과주의자라며 서운해한다
그 말이 왠지 모르게 속상해질 정도로 익숙하지만
나는 너를 도울 수 있는 존재도
망가뜨릴 수 있는 존재도 아니라는
혼자만의 아득한 결론을 뱉으며 서 있다

아주 근본 없는 편이라는 말로
스스로 소개하기를 좋아한다
실망이라는 거창한 이름을 달고 떠난 것들은
며칠 후 도로 나를 반기게 되어있다

옛적에
인간이 되어 남의 마음을 통제할 수 없다는 말은
무언가 한구석 거짓 같다고 생각했었다
미안해 미안해 미안해
세 번을 넘게 말해도 부족함이 없겠다
헐값에 다루곤 했던 마음이지만
그때의 너한테 다 할 수 있었던 최선이란
도대체 무엇이었을까
여전히 알지 못해서

무채색의 꿈

그냥 네가 좋아, 라는 말 앞에서 하염없이 위축되는 마음을 아는지. 그러한 고백의 깊이를 이해하기 위해서 내가 얼마나 더 따뜻해져야 하는 걸지 감도 잡히지 않는다. 이미 식어버린 것들보다도 날 두렵게 하는 건 이런 쪽이라고. 계속 옆에 두었다가는 일기를 쓰며 헛구역질하는 지경에 이를 것 같다. 무식한 짓을 감행할 수 있는 태도엔 그만한 소신과 각오가 자리 잡고 있겠지 생각했다.

내막을 들춰볼 시도조차 하지 않았다. 모든 건 세상의 이치대로 흘러가고 누군가가 찌르면 나는 흉기를 들고. 아주 선명히 대비되는 두 가지 색의 눈동자로 모든 광경을 판가름 지었을지 모른다. 그러다가 당연해야 할 일련의 과정들이 벌어지지 않은, 영향을 미치지 않은 이들이 레이더에 포착된다. 그런 날이면 아무리 뒤척여도 잠에 들지 못하고 새벽 내내 손톱을 깨물었다.

치욕스러운 꼴 나고 싶지 않아서 만들어낸 습성들일 뿐이었다고. 난데없이 해명을 해본다. 누구는 손해 보지 않고 싶어 하는 나를 보고 너 진짜 뼛속까지 한국인이라고 말했었다. 그래서일까, 대가 없는 것들을 치르려 하는 마음에는 어딘가 이국의 것 같은 구석이 있다. 아주 드넓고 광활한 타지에서 나고 기른 듯한. 현실성이 없어 자꾸만 경멸스러운 눈초리를 참을 수 없다. 그럼에도 말하고 싶지. 이건 네 잘못이 아니야.

미지수와 변수

왜 나여야만 했으며, 왜 굳이 나여야 했으며, 왜, 왜만
을 생각하다가는 나사를 꽉 조여둔 목덜미에 힘을 전
부 빼고 싶어져. 어쩌다 그 지경이 됐을까 연민을 흉
내 내는 목소리가 울리면 도망치자고 했었잖아. 자,
나랑 약속한 거다. 그러나 투신하는 마음엔 가속도가
붙고 시작과 함께 침몰하는 법. 고갯짓 한 번에 덜컥
내려앉은 새벽어둠 네 향기를 닮았다는 메모를 남겨
두고 나오는 길이야.

넌 목에 칼이 들어와도 그대로 축 늘어져서 아무런
저항도 하지 않을 것 같지. 감히 슬프다고도 말할 수
없는 모습들. 난 곁눈질을 멈출 수가 없어. 실오라기
하나씩 풀어다가 뜯어보고 이건 왜 이런 거야, 하며
즐겁게 이야기 들을게. 그 다음엔 몰래 해체하고 쓰다

듣고 훔치거나 고쳐주려 들겠지. 그런데 방법을 다 알진 못해서, 아니 이거 애초에 설명서가 없었잖아. 그래서 결국 망가뜨리고 말았어 미안해, 사과하면 너는 이미 끼익 위태로운 소리와 함께

쿵.

네가 없을 땐 전혀 모르고 싶었고 네 앞에서는 최대한 아는 척하고 싶었어. 너만이 소유한 그런 성격의 불행이 있었어. 아주 이기적인 눈망울의 슬픔이 내게도 있었다고. 바꿀 수 있는 것들은 우리 앞에 놓여있는데, 시작하기 전에 소매 안쪽의 지저분한 웃음부터 내쫓아줄 수 있겠냐고 물었어. 이것이 바로 우리의 변수가 되겠지. 그렇게 신뢰의 그림자 끝자락에라도 한번 닿아보자. 부서뜨리거나 조립하는 것들은 이제 너무 아프기만 하니까.

J의 허점

잘 지내야 한단 너의 말은 저 언덕 아래로
뉘엿뉘엿 져가는 해와 함께 효력을 다 한다
그 당시
네가 울며 물어보던 질문의 해답 여전히 모르지만
우린 이제 서로가 아니어도 살 이유를 찾았겠다
척박하고 삭막한 땅 겨우 두 뭉텅이를 갖고선
아무리 물줄기를 뿌려대도
먹음직스럽게 살가운 과일을 기를 수는 없었다
그러니 신은 우리에게
이 당연한 걸 알기까지의 모든 과정들을
겪고 견뎌내고 마침내 깨달을 수 있을
딱 그 정도만큼의 인내와 체력을 하사하셨나

멍청한 마음으로 일구어낸 무식했던 연애의 끝

그건 꼭 약지에 들꽃으로 묶어준

가여운 실반지를 잘라내는 기분이고

영악함으로 칠해질

이미 약간은 짓눌려 어둑한 빨강의 미래가 보인다

셈을 잘하게 되는 것과 연애를 잘하는 것

또 사랑을 잘하는 것은 어떻게 다를까

꼬리표가 되어 달리는 고민들은

집중력을 마구잡이로 분산시킨다

나 지금 너를 보러 갈 수도 있을 텐데

지저분한 마음은 교통이 좋지 않다

기다리다 지칠 네가 떠날 거라 지레짐작한다

늘 항상

눈에 보이지 않는 유리 파편 조각이 되어

평생 네 발 뒤꿈치에 밟히는 꿈을 꾼다

그편이 더 가성비 좋다는 생각은 지우기 어렵다

덜 아플수록 결국 이득이라 들었어서

내 사랑은 맨날 오지도 않은 무언갈 준비한다

날카로운 시선들 위엔 그 어느 것도 자라나지 않는데
오늘도 나는 정거장 앞에서 서성인다
제 발로 뛰어가는 그런 선택은 끝까지 하지 않았다

쥐불놀이

한참 잠결인 와중에 덩그러니 놓인 동공을 본다
대비는 선명하건만 초점은 퀭한 눈빛
언제부터 그렇게 있었는지 대답을 듣지 못했다
각자 완성하지 못한 로망을 한 손에 쥐고
애매하게 한량이 된 주말
초저녁의 산책을 회상한다
차분하고 또 폭력적인 기분
너에게 이것을
방황과 방랑 중 무엇이라 부를 테냐 묻는다

껴안고 문지르고 한껏 비비적거려도
심장에선 차오르다가 말고 뒤돌아서는 것이 있다
각종 혼란을 한 상 가득 차려놓고
하나씩 맛 보는 일

끝나지 않는 사춘기가 제 갈 길을 간다
울타리와 허울을 잃은 반발심
바깥을 향하던 잦은 기침에 사레가 들면
그때서야 우리는 우리를 가장 잘 알 수 있다
태어나서 내가 그리도 징그러웠던 적이 있었나
원하는 걸 써보라고 쥐여준 종이는
결국 아무런 소용이 없었다

우리의 희끗한 미래를 스케치한다
고민에 고민만을 거듭하다가 시간이 부족해
도저히 채색할 수 없는 지경이다
뭉툭해진 연필로 반복해 그린 질감은
아득하니 깊게 패
다른 색과 섞이기엔 너무 원초적이라는 평을 듣는다
고쳐 쓸 수 없는 도안이 되었다

우리의 희끗한 미래는
가장 태초의 모습을 하고 있을 것만 같다
그것이 암울하다는 말을 듣지 않는 세상에서
살고 싶어지는 욕심

감각이 무뎌지면 쌩쌩 내달리는 전조등들
어딘가 느려지면서 각막에 맺힌다
그럴 때면 항상 너와 시선이 마주치는 느낌
위태로움이 나를 뚫어져라 쳐다본다
깊게 팬 네 뜨거운 구덩이를 생각한다
애처로운 주황색 용암
솟아오르고 넘쳐 들끓다가 하염없이 떨어지고
차게 식고
나를 어디로 데려갈지 모르는 도움의 손길 같은

제 3장.

비주류의 황혼은 아름답다

새벽 만담 모임

해가 밝으면 차마 부끄러움을 참지 못해
온몸을 수그린 채 기다렸지
일몰의 시간이 지나가면
나 경직된 표정으로 수저를 들어
애꿎은 끼니를 억지로 챙겨 먹곤 했어

사람이란 게 자꾸만 호르몬에 속아서
생각이 날 때마다 허벅지를 꼬집어
밤사이에 자라난 멍청함을 들고 와서
늘어놓고선 잡상인처럼 팔았지
버리고 싶은 천성이 있었거든
헐값에 가져가 주세요 하고
몇 년에 한 번꼴로 그들이 회귀할 때면
아무렴 상관없었을 스물로 돌아가는 기분

그럼 그렇지 사람이 변하겠니
모든 것을 그대로 둔 채로 기대만 오려내라는 건
어떻게 그런 말도 안 되는 명령을 하세요

그래서 그냥 기억을 통째로 뜯어먹었어
꼭꼭 씹지도 않고 대충 넘겼어
이 나이대엔 돌도 씹어먹는다는 핑계로
있던 걸 없는 일 만들었어
이젠 배탈도 잘 나지 않아서
이틀이면 해결된다는 걸 알아서

당신은 곧 잠에 듭니다

건너편 집에는 사람이 살았다. 집을 드나드는 모습을 목격할 수는 없었지만 수면 패턴이 묘하게 나와 엇갈리듯 때로는 맞는 것이, 옅게 켜져 있는 전등불을 보고 알 수 있었다. 이 동네는 시끄러운 서울 소음으로부터 도망친 자들이 모여 사는 형태를 취하고 있다. 가끔 그와 나는 밀린 일주일 치 빨래를 몰아서 널어두고는, 잠시 서로네 집의 페인트칠 벗겨진 벽돌에다 멍을 때리곤 했다. 그러니까 내 기억력은, 그의 실루엣에 아주 예민하게 반응하면서도 정작 몽타주를 그릴 수는 없을 수준이었다.

언젠가부터 그 사람이 아침 러닝을 시작했다. 그것은 이틀 전 널어놓은 빨래를 한참이나 까먹었다가 밤을

새우고 기어 나온 어느 우연한 동틀 녘에 겨우 알게
된 사실이었다. 그가 나만 한 혹은 보다 더한 야행성
이라는 점은 의심할 여지가 없다. 그럼 도대체 몇 분
이나 눈 붙이고 나와 저런 억지를 부리는 것일까. 사
람이 안 하던 짓을 하면 죽는다던데 그 사람 표정엔
태연함으로 가득 차서 걱정이 되지는 않았다. 신경이
쓰이지만 신경 쓸 일은 아니었다. 대면으로 말 한마디
도 나눠보지 못한 사람에게 이입한다는 짓은 웬만큼
음침한 게 아니었다.

최근에는 거실 한쪽의 휑한 벽에 기대어 그저 반대
편 베란다를 쳐다본다. 누가 그곳에 있고 없고, 무엇
이 지나가고, 그이가 서 있고 따위는 그다지 중요하
지 않다고 스스로를 세뇌하며. 내 콧노래는 헐렁해진
채로 이리저리 집안을 굴러다닌다. 언제 시켜서 배송
되었는지 모를 망원경이 포장 용기에 담겨 발끝에 챈
다. 이 알량한 양심을 이기는 것은 결국 그를 알고 싶
다는 마음이지. 또 살갗이 스치더라도 결국 나는 그를
모른다는 열등감이지.

일주일 정도 열심히 관측하면 곧 완벽히 그릴 수 있게 될 거에요, 몽타주가 완성되면 그 사람을 찾아가야겠다고 생각한다.

무감(無感)

옆구리에 화살 몇 대를 끼워두고 살면
어느 신의 가호를 받을지 고를 수 있을 것만 같다
나를 관통하는 시선을 포착할 때마다
더 빠르게 쏘아죽이면 그만이지 생각했는데
그 하찮은 공격은 끝끝내 공격이 되었을까
쉽게 휘어지고 바람의 방향을 타는 화살은
결국 내 것이 아니지
기분에 모든 것을 맡기고 나는 그저 껍데기가 된다
치명상을 입히진 못할 수준일 테니
남에게 쏘아진 건 불량한 죄질을 띠지 않는다
발칙한 분풀이 정도로 이름 불렸으면 좋겠다

이제 그만 잠에 들자고 하는 말들은

또 눈 뜨면 변한 것 하나 없는 세상을 맞이하자는 제

안 같다

어디로 가는 계단인지 모르고

매일 같이 난간에 매달려 한 칸씩 오른다

너희를 보다 더 높은 곳에서

소음 없이 지켜보고 싶으니까

허무의 결정체인 사람 이름 부르기는 이제 지루하니까

관대하게 굴어주세요 귀엽게 봐주세요 하며

깔깔거리다가 언제 울어버릴지 모르는 일이다

그러니 내 취미는 항상

언젠가 용서받을 수 있을 정도의 노여움을 사는 것

깃털이 되는 꿈은 아주 오래 꿔온 것만 같다

여리여리한 형태를 자랑하며

유쾌하고 후련하고 어딘가 시린 구석이 넘실거리는

그런 무색의 깃털이 되어

죽고 싶지도 살고 싶지도 않다는 태도로 일관하고 싶다

흐르는 것이 희망인지 냉소인지

저 이래 봬도 아주 복합적인 사람인데요
외치면서 멍청한 하늘을 둥둥 떠다니는 입꼬리

화살은 나를 떠나 어디쯤인가
돌아본 찰나 이미 등줄기에 꽂혀있다

타인을 거쳐 나에게로 날아온 것인지
아니면 처음부터 내게 꽂혀있던 촉들인지
무한히 고민했다

슥슥
피 고인 작은 웅덩이들을 닦고
여기저기 맺혀버린 혈반들을 구경했다
영원한 나의 편은 누구였나

Navigation

여기는 추워
질문들이 떠다니고 네 잔상이 떠다니고
나는 구부정한 허리를 잘 못 펴는 거 같아
대상과 분리되는 본질적인 외로움을 배워
내가 가진 이곳
실존하는 공간이긴 할까
확장하고, 확장되고, 끝내 확장되어서야
마음속 구더기를 파서 먹어
자꾸 먹다 보니 때로 달달하기도 하다

일어난 지 몇 시간 안 된 거 같은데
겨울 해가 또 빨리 져서 물드는 걸 보면 화가 나곤 해
종종 네 탓을 했었는데
네가 돌아와도 이 시공간은 여전할 거라는 거

너를 만나 불행했고 행복했고
불행 속에서 행복을 찾아 도로 불행해졌고
그때부턴가 내게 이상적인 글이란 존재하지 않아

내가 저지르는 모든 짓거리들
보잘것없지만 전부 사랑이지
비슷한 원리인데 이해가 가려나
악취 속에서 우리 집을 찾아올 수 있겠니
심장이 평균보다 훨씬 더 빠르게 뛰는 그 소리가 들
리면
맞아 거기야 하며 웃음 짓고 있을게
치장하는 게 좋아 꾸밈으로 가득한 게 좋아
완벽했다가 만신창이였다가
매력적이었다가 하찮아지는

바보야
나는 아직도 그 이층짜리 침대 위에 웅크리고 자는
기분이야
랜덤한 개꿈을 꾸어대곤 해
영역을 뻗어나가는 침상 위에서 말도 안 되게

어디 설명하기도 괴팍한 이야기를

성격이 나빠져서 여기저기

대들었다가 찡얼거렸다가 정색했다가 울다가 그래

손에 잡히는 대로

그러니까

네가 그러고 나서 그녀가 어떻게 되었냐면

네가 떠나고 나서 그녀가 어떻게 되었냐면

리본 커팅식

시부야 야경을 제대로 본 적이 없어서
파도에 잠기고 싶다고 할 만큼
인상 깊었던 새벽의 바다가 내겐 없어서
좋아라 하는 것들에도 위화감뿐
그러니 눈 앞에 펼쳐진 별거 없는 도시 거리에
친밀감을 느끼며 커 가자
육 차선 도로 한복판에서 태어난 신생아처럼 굴자
되게 절망적인 이야기를 아무렇지 않게 하게 되기까지
겨우 몇 년밖에 걸리지 않았으니까

저 멀리 떨어진 것들에 대해 말하고 싶지 않아
그렇다면 낭만이 없나
아포칼립스와 디스토피아를 주제로 하는
애니메이션을 즐겨보는 이는

활보할 수 있을 것 같은 주변의 야경을 남몰래 아껴
엔피씨 같은 인물들이 다 사라지고도
이 골목을 견딜 수 있는 나를 만들자고 다짐해
과거가 증명하듯이
연속의 연속의 연속의
비참함과 산뜻함 그리고 후련함의 집합체일 테고
나를 읽어내지 못하는 내가 곤란해져
점점 사랑은 어려워질 거야

가장 애정하는 작품과 가장 자랑스러웠던 사람을
남들이 인정해 준다는 건 꼭
이제 그만 이 골목을 벗어나도 된다는 허락 같겠지
입에 담기만 하면 뻔해지는 단어들은 싫어서
도망만 쳤던 발목을 잡아주겠지
희망차게 살겠지
더 단순하게 말야
누군갈 부러워하며 살지 않아도 되겠지

홀로 방에서 엉킨 실타래를 풀지 않아도 된다면 좋겠다
그나마 가진 것들을 지키느라 여기에 묶여있어

훨씬 더 자유롭게 날아다닌다는 건 무슨 의미야
그건 매사에 떠나는 기분일까 봐
머무르는 사람들의 시간 선엔 칼집을 내고 싶어진다
이제 정말 끝내도 된다고
그럴 때마다
목맨 표정을 징그럽게 알아채는 네가 싫어
온갖 행운을 다 받아먹고서도
이 사거리의 한복판에 서 있어
멀찍이 그리고 멀뚱히

내가 보인다면 신호의 색이 바뀌기도 전에 냉큼 뛰어
와 주겠니
같이 떠나자 같이 이 장면을 끝내자
영혼 없는 부탁을 넌지시

괜찮아
실은 도로 집에 돌아가서 낙서나 끄적거리다 잠에 들
거야
그렇게 또 머무르며
아무것도 자르지 못하고

유리 파편을 손에 쥐고

화가 많아서 풀지 못한 게 많아서
네 몸 성할 날이 없네
예쁜 것만 보여주고 가르쳐주지 못해 미안해
라고 가식 떨기에는
지금 모습도 조금은 다른 의미로 예쁜데
취향이 이상해서 다행이라나
많이 닮았을 줄 알았다나 뭐라나
눈동자 초점부터 맞추고 말해

유독 붉은색 핏빛 분홍으로
경계선 이곳저곳 짙게 물든 날이면
너 혼자 사는 그 집에서
날 향한 싫증이 피어오르나 싶어
나 없는 곳에서 증오를 무럭무럭 키우고 있구나

그런 생각이나 하다가
애꿎은 모서리에 손가락을 베이고서는
알량한 자존심에 들키지 않으려고 하겠지만
간질간질한 입술 한두 번 쓱 쓸어주면
네가 알아서 그 귀여운 속내를 털어놓아 주네
이제 그 안엔 찬란히 부술 수 있는 불꽃
얼마나 남아있니
건강해진 너는 전혀 구미가 안 당기거든

그러니까 여기 올 때는 항상
망가질 수 있는 잔해를 달고 오렴
며칠 전 새벽의 악몽을 들어줄게
식은땀 범벅인 채 깼다는 얘길
내 앞에서 아무렇지 않게 말해주니까
그렇게 와장창 깨부숴도
아직 환상이라는 게 남아있다고
주저리주저리 고백해 주니까

네가 안쓰러워질 때보다
더 생채기 내고 싶을 때가 있을까

진심을 얕잡아 부르는 장난은 좀 너무한 구석이 있지만

나를 더 이상 갈증 나는 눈으로 바라볼 수 없을 때

눈 뜬 채로 잠든 연기를 할 수 있을 거 같을 때

그때 처음이자 마지막으로 나를 찌르러 와

상상 속 악몽은 허구가 아니다

평화로운 주황 지붕 먼지바람 아래로
숨이 턱 막히는 아스팔트 경사 위로
다 쓰러져가는 인류애 그깟 것들 사이로
죽어있는 아이가
살아가는 나를 종종 부르지
살아가려는 나를
아주 결정적일 때 심장이 놀라서 쿵 바닥을 만날 때
그려왔던 모습들을 보란 듯이
원망과 비참함을 아주 떫은 농도의 가소로움으로
바꿔내야 할 때
역해
역하다고 생각해
아주 깨끗하고 현명한 너는
잘못이 하나도 없는 너는

경찰서도 교무실도 파출소도 상담실도 정신과도
그 어디에도 불려 간 적 없을 너는
그 덕에 팔자가 꼬이고 배가 아파서
매일 밤마다 토악질만 했어

말괄량이라 불리던 네 그 웃음은
나에게 너무 얄밉고 무섭고
그럴 뿐이지
내가 살아오며 받은 미움은
네가 받은 사랑의 양과 일치할 거라는 예상
그러니까 꼭 네가
일부러 다 뺏어간 거 같다는 망상
상쇄되면 그만일까

네가 입었던 옷 들었던 물건들을 도로 관찰해
너 조금이라도 불행히 살았어야 할 텐데
그 눈빛 너무 해맑게 새까맣고 여전하고
아무것도 모를까
역시 기억하지 못할까

내 흉터를 알아채기도 전에
급히 흉을 가리려 애쓰는 몸짓 덕에
진작 다 들켰겠지
언제나 그랬듯이 비웃음을 사는 아이

다시 또 선명해지는
내 사람과 내 사람이 아닌 것들
그리고선 더 바깥의 영역
저는 어디로 손가락질하면 되나요

한 번 적은 영원한 적이라
노려보다가 종이 끝을 태웠어
깔깔거리는 소녀들만 보면 화가 치밀어서
검은 봉투에 싸서 내다 버렸어
잘한 게 맞겠지
쥐새끼들은 동네를 들쑤셔서라도 잡을 텐데
그렇게 사람 좋은 얼굴 하고 서 있으면
다들 나에게 말하잖아
그만 좀 잊으라고
왜 아직도 그 얘기 중이야?
하고 재미없다는 듯이 등 돌리잖아

천장과 거울

함께 피던 담배는 종종 떠올린다. 별 감흥도 없는 그 맛이 네 곁에서 피우면 조금 더 매캐했고 자욱했다는 점을. 같이 있다는 것에 큰 의미를 두진 않았다. 종아리나 발가락 사이사이 살결이 겹치는 일이 드물어도 슬프지 않았던 것 같다. 그러니 기분 좋게 미끌거리던 밤만을 기억한다. 서로를 바닥 근처쯤에 한껏 내려놓은 채로. 태생이 그렇길 강하게 태어난 너와는 미래의 걱정 따위 나눌 리가 있나. 그렇다면 우리는 무슨 대화를 했지?

괜히 심술이 나면 담배 연기를 네 눈앞에다 흩뿌려놓는 짓 말고는 방법이 없었다. 어렸을 적 배운 고결함과는 가장 거리가 먼 너를 골라다가 먹는 거지. 죄책감에서 몰려오는 희열과 해방감은 다 너를 통해 배운 거다. 왜 안 돼? 당연하게 생각해 온 것들에 무자비한 질문을 던져 나를 헷갈리게 만드는 편이었다. 싸구려 침대 끄트머리에 걸터앉아 짓는 가장 멍청한 표정은 네 유별난 취향과 겹친다.

글러 먹은 사고방식. 망언과 서투른 화장법. 몇 굴레 반복. 의지할 수 없는. 검은자보다 흰자가 더 많이 보이는. 이빨 혹은 손톱자국. 너의 흔적이라면 다 받아먹고도 남았을 그녀가 차츰 눈을 떠간다. 네가 담배 한 개비를 다 피우는 그 속도는 영영 따라잡을 수가 없고. 이 점은 왜인지 몰라도 유독 불쾌하고 서글픈 구석이다. 무엇이든 저질러 버렸지만 조금도 치우지 않은 채 돌아 뛰쳐나온 그 방. 여전히 찝찝하고, 자유롭고, 궁금한 곳.

이제는 평소에도 눈을 게슴츠레 뜨고 다닌다고 했다.

네가 조금만 담배를 천천히 펴줬더라면
뭐가 달라졌을까 고민했던 적이 있다.

인간의 마음은 과잉 설명으로 멸망한다

모르면 더 좋았을 것들

애정하던 가수의 본모습이라든지

헤어진 너와의 뒤 페이지 같은 것들

그 앨범 설명글이 너무 허술해서

휴대폰 액정에다 대고 멍이나 때렸어

의미 부여를 하고 싶어지는 건 본능일까

특별하고 싶어서 발버둥을 치지

네가 동경하는 그 모든 것들도

원하는 대답은 절대 안 해줄걸

우연히 본 드라마 장면은 허를 찌르고

반성하는 척 꼬락서니도 얼마 못 가

무용지물

우리 이야기 다 끝났는데

돌아가도 다시 만나겠냐 묻는 게

시공간을 뒤엎는 기술에 배팅하는 것보다도 의미 없지

어느 날엔

내가 누군가에게 시기 질투 받는 대상이라는 게

소름 끼치고 행복해서

나 계속 그 애가 보기 싫어하는 모습만 전시하고 싶

었어

인간이 마음 편히 살려면 뭘 좀 몰라야지

나 근데 두 눈 퍼렇게 잘만 뜨고 살아있어서

독하게 살겠냐 하는 물음에

딱히 선택권은 없는 기분

과거는 과거로

어릴 적 실수 아닌 실수들은 낭만으로 치부해야 하나

그렇게 치면 우리 하는 모든 선택이 실수인 걸

그렇게 비관주의에 빠지는 건

생각 많은 사람들에게 내려진 저주

어떤 심정과 어떤 마음으로

사람을 마주하고 사랑을 고백하니?

경계선을 둘러치는 일도 판단이 덜 서지

이제는 다 알아버린,

퍽이나 많이 알아버린

지금의 기분조차도 착각이라는 걸 알아
마트료시카

좋아하던 가수한테 조언을 묻고 싶었는데
걔도 보니까 괴상한 연애만 하더라
흠 많은 인간들이 예술도 잘 한다는 말이 있어
웃기지
진실한 건 정말 드물어
사람 보는 눈 다 꺼져있고 고민은 한 뭉텅이 쌓였잖아.
이상하다는 그 사람들
자기 방 안에 고독하게 놓아두면
다 불쌍한 사연들 하나쯤 씩 있지
어디에 끼워두고 자랑할래?

그러니까 지금 내가 하는 말들도
후천적 독기 같아.
서글퍼.
널 처음 본 그날은 내 인생 가졌던 순수함의 최고점
그때라서 다행이야.

다시 돌아갈 일 없다는 것은
이별을 말하고 등 돌린 순간에 바로 알았으니까.

시치미

흔적을 남기는 데 실패한 그는
가벼웠던 걸까 인상 깊지 못했던 걸까 유니크함이 부
족했던 걸까 시기적절하게 완치된 것뿐일까
사람은 누구나 상대가 나와 똑같이
혹은 보다 더 구차해지길 바란다
너를 보낸 대낮의 버스 정류장
물 흐르듯 자연스럽게
뒤에선 칼날을 갈고

정말 꽃이라도 사갈까 고민했던 남자는
자기가 이틀 새에 무슨 잘못을 한 걸까
일일이 뜯어 반성하고
몰래 뒷문으로 빠져나가는 개자식은
처음부터 끝까지 콧노래다

둘을 싸움 붙이면 누가 이길까
순애는 정말 강렬한가
쓸데없는 것들이 아주 궁금한 편이다
나는 통창의 아주 높은 빌딩에 살고 싶다
관음증 환자마냥 구경하기 위해
가장 다정했던 이도 어딘가에선 악행을 저지른다
알 수 없는 쾌감이 밀려온다

내 이불은 아직도 너무나 새하얗고
여기에선 눈물을 흘리거나 피도 묻히고 싶지 않다
더럽혀진 것들은 밖에서 해결하고 들어와야만 해
세탁을 하든 인사를 하든 거짓말을 하든

손을 털고 냅다 달려
두 번 골목을 꺾어 만난 진짜 사랑
새로운 그이와는 베란다에 세탁한 이불을 힘껏 널었다
핏자국은 과산화수소로 지울 수 있댔다
넌 별걸 다 알지

몇 번이고

새로운 웃음으로

다 까먹고 시작할 수 있다는 최면으로

얇은 면 소재의 품에 볼을 맞대면

좋은 내음이 나지만 불안의 종말은 여전히 멀었다

순결을 따질 거였담 여기까지 오지도 않았을 테지만

더 뻔뻔해져도 되겠다

사람은 다 이러고 산다

여러 겹의 이불 속엔 자존심과 애증이 다양한 배율로

뒤섞여

사랑이었다가 사랑이 아니었다가

번복한다

너로 말하자면 아마 이십 대 팔십쯤

퇴장

아주 가끔

버려진 충동들을 다 네게 쏟아붓고

엉터리 같은 회유책을 펼치며

추악한 것의 미학을 되찾고 싶다고 말했다

네 몸에 붉은 점 혹은 단추 같은 것들 일곱 개가량

이어서 꿰매 확 잡아당기면

망가짐은 우리를 혼자 두지 않으니까

무던하던 너도 기어코 애원이란 걸 하니까

이내 따뜻하다

심장의 꼬리가 벌떡

갈라지는 음성과 붉은 안개

타이르고 호통치고 달래고

우린 천생연분이야

내 영혼은 네 거울 속에서 영생을 찾는다

그 유약한 눈빛 다 얼룩진 게

내일이면 도로 원상 복구될까

아님 그 병 더 나빠질까

후자이길 바라는 걸 들켜도 너 여기에 사랑이라고

쓰면 되는 거야

울며 적어도 좋아

우리 충성을 다하는 건

너 혹은 나에게 라기보단

이 좀먹을 거 같은 관계 쪽이지

그 판에서 놀아나다가

잘 버텨도 수명 다하면 픽픽

겁이 나면 일찍이 퇴장하자

공백으로도 가득 차는 기아들의 욕정

어떻게 엿먹이면 좋을지 고민하는 자가 일류이다

얄미울수록 그림은 아름답고 처참하고

우리의 헤어짐이 있다면 그건 이별보단 붕괴

끊어짐 파쇄된 것 사라진 것

파리도 꼬이지 않는 시체 조문객 잃은 묘비

그 신은 맹목 속에서 춤출 것이다
화살은 뇌리와 기억만을 노려 쪼개고
맥없이 돌아가 멈춘 시선은 환영받는다
조금이나마 억울한 것이 있다면
잔해도 없이 사라질 우리 태초의 마음

깃털갈이

좋아하던 일은 내 영역 바깥의 일일 때 가장 아름답다. 적정선에 걸쳐진 막연한 즐거움. 그건 내가 그들에게 있어 타인에 머무른다는 점에서 온다. 그러니 뭔가에 내 운명을 직감할 때면 숨이 점차 가빠오고 정체 모를 불안감이 엄습하는 것이 당연하지. 그렇게나 사랑하면서 동시에 무서워지는 일도 잘 없을 테다. 가끔은 그저 취미 수준으로 남겨둔 존재들에 감사하며 그 하찮음이 귀여워지기도 한다. 모든 것에 투지를 걸고 싸우기엔, 적절한 수준의 좋아함이란 정말 웬만큼 다행스러운 일이 아니다.

온통 헤매다가 이쪽이 바로 내 길이구나 싶은 예감이 들면, 그것 역시 이십 대의 오만하고 미숙한 판단이었기를 바랐다. 평범 혹은 무난함과 같은 단어들을 인생의 좌우명 삼고도 거뜬히 만족하는 내가 될 수 있다면 좋겠다고. 자신이 너무나도 아끼던 숲을 낱낱이 파헤쳐 가지 치는 일을 반기는 사람은 어디에도 없다. 그러나 직감이 기분 탓에 그치지 않을 때면 나는 자꾸만 동경했던 누군가의 뒤를 따라 닮고 싶고, 불편한 간지러움을 날개 삼아 비상하고 싶었다. 애꿎은 욕심을 외면하지 못해 별것 없는 자아실현에 제일 충실한 내가 될까 봐. 실은 그게 가장 무서웠다.

수면 위로 떠올라 하나의 무대를 꾸리는 데 성공한 이들에게선 광활한 빛이 난다고들 한다. 이것 보세요, 하며 본인을 소개하지 않고서는 배기지 못하는 팔자라면 그런 자신을 누구보다도 미워할 텐데. 만들어내기 위해 또 몇 번이나 홀로 부쉈을까 생각했다. 잡아먹혀도 괜찮으니 그 길에서 서 있겠다 말하는 그 약속은 이미 자신을 여러 번 저버린 걸지도. 언젠가, 나를 이내 울리고 말았던 무언가를 평생 이렇게라도 기억하고 싶은 마음이다. 무시무시한 애정의 피날레는 언제나 집착과 독기가 장식하고 있다.

세대조사

시작과 동시에 모든 걸 꿰뚫고 있었거나
끝나는 순간까지 아무것도 몰라야만 한다
도중에 눈 비비고 아무렇지 않게 스르륵
그렇게 쉽게 꿈에서 깨는 일은 없다
옅은 잠결에서 일어나보려 발버둥을 한두 번은 쳐야
겨우 신음과 함께 가짜였다는 사실을 직면할 수 있다

어정쩡하게 누워있어도 아무도 탓하지 않아
좋은 사람이 되고 싶겠지만
어떤 형태로든 책임감은 나를 샅샅이 찾을 것이고
그걸 견딜 수 있겠니, 하는 물음

찾아오는 이 하나 없던 곳에 현관 벨이 울리겠지
물어 따지려 찾아온 붉게 상기된 그 얼굴 앞에
산발이 된 머리
오른손에는 일쩜오 리터 짜리 생수를 들고 빼꼼
유독 구질구질한 모습으로 나타나 어필을 해본다
그리고 본론으로
나 딱히 잘못한 건 없지만
입이 열 개라도 할 말은 없다고 얼버무렸다
근데 그건 너도 마찬가지 아니니
별 수확 없는 싸움이다

고개를 갸웃거리는 일이 없을수록
극단적일 만큼 원만하고 평화롭고
즐거움엔 끝이 없을 거야
미리 가보지 않아도 알만했지
그저 누구든 조용히 탈출에 성공하길 바랄 뿐

질문이 너무 많은 건 좋지 않아
호기심 많고 영리한 건 어렸을 때나 칭찬받는 일이다

우린 졸리고 피폐한데

잠에 빠져버리면 안 돼

절대로 깊이 잠 들어선 안 돼

하며 너의 어깨를 아주 살짝 흔들지

깨지도 잠들지도 않을 정도로만

나른하고 몽롱한 그 표정이 평소의 나와 같아

이제야 우리 일치하네

아주 미지근한 팔베개를 내어줄게

정신이 퍼뜩 들어서 갑자기 떠나는 일은 없게끔

내가 그렇게 할게

입양아

여름에 만나 여름에 헤어졌다
이듬해 여름이 아니라 곧장 그해 여름에
빠르게 종결되는 것들엔
최대치의 설렘과 두려움이 이를 갈며
난투극을 펼친다

제목을 이루는 활자들이 겹치는 것보다도 중요한 것은
우리가 어느 순간에나
유사한 색의 눈동자를 가졌냐는 것에 관한 문제였다
팔이나 어깨를 맞닿고 있으면
자주 저릿저릿한 기분이어서
시간이 녹아 소파를 타고 흘러내린다
너는 내 하루를 사고 싶다고 말하고
그럼 더 부자가 되어서 오라고 받아친다

장난스러운 말부터 공격적인 말들까지 전부
그 정도는 애교라고
우리 대체 어딜 가서 낯짝 다 깔 수 있겠냐 하며
기어이 폭소를 터뜨려 버릴 때
자유 가장 가까이에서
나는 활개 친다

딱히 어떠한 틀을 만들려고 한 적 없겠지만
사방으로 막힌 네 뼈대와 골격엔
살짝 불편한 안정감이 잔뜩 묻어나기 때문에

있지 오빠
헤매고 떠도는 건 정말 지쳤어
이제 그만 날 거둬들여달라는 부탁이다
거듭해서 갇히다 보면
완벽한 세계를 영위하게 되는 날이 올 테니
그 축복만큼은 오직 내 것이었으면 좋겠어
라는 기이한 묘사가
우리 사이엔 고백이다

네가 같은 영화를 무한히 틀어두면
나는 그 안에서 정답을 찾을 거고
복귀의 개념까지도 말살시켜 버리면
그것까지가 마무리,

넌 더 이상 내 하루를 사지 않아도 되겠지.

바운더리

친구들은 수군수군 댑니다. 쟤는 유독 편식을 엄청 심하게 하네. 아무나 주워 만나면 배탈이 나기도 전에 역함이 코를 찌릅니다. 그것은 열사병에 쓰러져 탈진한 과거의 누군가가 제게 짙게 남겨주고 간 유언입니다. 그저 지인에 불과한 것들은 저 울타리 가장 먼 끝 언저리에 걸쳐놓으면 돼, 그렇게 그 말을 지킨 지도 벌써 사 년입니다.

편견이 없다고 했지, 편식을 하지 않는다고 말한 적은 없습니다. 여기는 둥둥 떠 있는 도시 한 가운데의 섬. 성곽의 모든 문을 활짝 열어놓고서 수로 건너편의 난폭한 일들을 관찰합니다. 구경을 그치고 뒤돌아서면 모르는 이들의 비명이 깔립니다. 도와달라고 부르기엔 그들 중 누구도 제 이름을 기억하지 못하고. 그 괴로운 소리 무한히 반복하며 돌려 듣는 것이 꼭 제겐 최고의 복수 같습니다.

다들 사회에 나와 한껏 계략을 펼치며 활보하고 있을 테죠. 눈을 떴다. 교복을 대충 입고 아침밥을 욱여넣으며 저는 뉴스를 듣습니다. 남 이야기에 시시덕거리기를 좋아하는 아이들이 그대로 커서 아무것도 가르치지 않는 어른이 될 예정이라며 아나운서가 전합니다. 건강해지려면 편식하지 말라는 기사를 믿을 수가 없습니다. 복사 붙여넣기 한 듯 일제히 해맑은 그 친구들은 꼭 모조품 같습니다. 그것은 가짜. 모조품.

몽유

고개를 파묻던 그 몸의 각도와 깊이
내 목 언저리에는 몇 개의 품들이 있길래
너는 얼룩진 티셔츠를 거꾸로 입고
냅다 그곳에서 여름잠을 취한다
한쪽 가지에만 새들이 쪼르르 앉았나보다
오른팔 어깨가 뻐근하지만
얕게 파인 곳엔 아주 달달한 우물
네가 한참을 나오지 않는다

존재만으로도 외로움을 덜어주는 아이야
약지를 물고 놓아주지 않는
호칭은 뭐로 하는 게 좋겠니 물을 때의
그 우유부단함과 우물쭈물함이 좋다
비겁함이 나와 다를 리 없으니

부족한 확신은 미래를 그려보게 만든다
아주 질기고 오래도록 끊기지 않는 인연은
있는 듯 없는 듯
시작되지도 않고 떠나지도 않는 것
용기가 없는 것 비겁한 것 귀여운 것

잠든 숨결 아래 몇 센티 정도만
물 휘젓듯 장난스레 헤집는다
흠뻑 잠든 너 다시 깨지 않도록

여름잠은 몽롱한 숲
고개를 한껏 박은 채 고요히
남들의 물음이 잘 들리지 않는다

어스름한 물기가 날아가지 못하고
허파 구석구석에 끼어있다
그리 많은 상식이 필요한 일도 아니었다
누가 혹은 어느 것이
사랑을 시키는지 알 수 없었다

작은 옥탑방에서도 동이 트고
우리는 이른 아침이면 늘
정수리를 맞대고 실신해 있다
건조한 바람이 새어 들어오면
시퍼런 낯빛을 툭툭 쳐 붉게 되돌리고
너를 한 번 대충 흔들어 깨운 뒤
떠났다
그게 다야

끈질긴 것들은 우리가 딱히 무얼 하지 않아도
알아서 끈질기다

악한 재주

그 누구도 해석할 수 없는 언어가 되고 싶었지만. 그런 생각을 거듭할수록 나는 투명한 피부와 불그스름한 홍조를 가지게 된 것이었습니다. 푸른 혈관 속의 사정들을 몰라야 하는 이들이 있습니다. 현재 나의 적, 그리고 내 적이 될지도 모르는 사랑들. 우선은 그 정도로 구분해 두는 것이 좋겠습니다. 아직은 많이 어려서 서로 상처를 주고받는 것이 자연스럽다고들 합니다. 그렇지만 다듬어지지 않고 예민한 시기에 건드렸다가는 사고를 내버릴 수도 있겠습니다.

일그러진 것들을 주섬주섬 쓸어모아 허약한 날개라도 달아주고 싶습니다. 희망은 그 실체보다 많은 사람들에게 유용하여 제 가치를 해내듯이 말입니다. 나는 어느 카테고리에도 종속되고 싶지 않은 마음인 걸까

요? 두 손 두 발을 모두 집어넣고 편안히 가라앉는 꼴을 본 적이 없는 것 같습니다. 언제든 종아리 언저리까지만 걷어 첨벙대기 좋은 얕은 물가를 좋아했겠죠. 언젠가 어릴 적 나의 눈동자에 아주 특별하게 비치던 것들. 모방은 창조의 어머니라 중얼대며 외출 후 손을 박박 닦습니다.

"예술 작품의 다양한 해석을 주제로 토론하는 일에는 크게 관심이 없습니다." 이미 유행이 된 지 오래인 테스트의 질문 하나가 떠오릅니다. 스스로 결말을 해석하게 내버려두는 짓은 극악무도하고도 세심한 배려가 됩니다. 비겁함을 저지르고 용서하는 악습은 대물림 되기 때문일까요. 사랑은 종종 지긋지긋하고 같잖아지는 면이 있습니다.

들키고 싶지 않은 마음들이 한 데 몰려 투명한 얼굴을 붉힙니다. 무엇이 진심인지 알 수 없어집니다. 그리고 나는 단어의 벽을 허물고 적절히 조합해 또 다른 비상구를 만드는 재주가 있습니다.

인공심장

아주 많은 것에 등 돌리고 온 적 있는 사람은
아프도록 인자한 웃음을 띠고 있을 거란
내 미련한 착각이 있었다
한참 모자랐던 예측이 있었다
그런 이들은 시도 때도 없이
자신이 가진 아픔마다 이름표를 붙이곤 하는데
그 업무가 너무나도 고되어서
안면근육의 생김새와 굳은 정도가
차갑고도 친절했다

아주 쉽게 설명해 낼 수 있을 것 같은 사람을 보면
눈길을 돌리는 편이랬다
나를 닮았을수록 멀리에
시야에 발 들이지도 못할 저 멀리에

사람은 그렇게 겪어놓고도
일인칭으로 작성하는 법밖엔 몰라서
온 전력 다해 분석한 경험들은
곧 자기연민이 된다
예민함과 날카로움이 되어
재단하는 안목에 수차례 독을 푼다

본인에게 맞는 옷은 각자가 가장 잘 안다는데
내게 남은 재봉틀과 가위가 너무 많은 탓
그리고 또
아직 팔뚝 위에 피어있는 붉은 꽃봉오리
인식하는 모든 것들이 공정하지 못하겠지
너에게도 그랬듯이
온전한 원형의 세상을 바라보는 눈
그것을 가지고 싶다

손에 쥔 가위가 너무 잘 들어서
고통을 느낄 새도 없이 싹둑싹둑
무엇이든 무마시키고 나면 조금 나은 기분이 든다
한껏 까칠하고 까다로운 사람이 되어

착할지도 모르는 이의 못난 얼굴 발굴하는 짓을 즐긴다
이건 내가 안도하는 유일한 방식
너의 친구도 지인도 아닌
너를 아주 잘 아는 타인이 되기 위해

기복이 센 심장을 둘러 겹겹이 에워싸고 있는 것은
여태 견고히 부서지지 않은 편견들뿐이지
그러니 마침내 이런 나를 이해해

작별 기념비

버려졌다고 말하는 거 질리지도 않나

불평불만

떵떵거리며 울상 지을 시간에

남들이 버릴 수 없는 당신을 만드는 쪽이 낫지 않겠니

이건 낯설고 혹하는 제안이야

두 가지 방법이 있지

타인이 버리기 전에

이미 스스로 몇 번이나 버린 내가 되거나

신물이 나 두려워도

버릴 수는 없을 정도로 매혹적인 내가 되거나

어느 것을 선택하든

곧 창백한 도화지처럼

달빛을 반사하고 운석을 자멸시킬 테지

끝이 도래하면 나 홀로 축하하고
양심에 걸려 소화하지 못한 것들을 청산하곤 해
또 다른 해프닝을 향해 달려가며
그 조급한 뜀박질은 영원히

클래식과 클리셰는 초성이 똑같은데
왜 이리 다른 어감일까 생각해
클래식이 되지 못한 클리셰들
B급 감성
사랑받는 건 서비스업이지
보이지 않는 족쇄를 아주 살살 채워
입꼬리엔 항상 옅은 곡선을 걸고
계산기 두드리는 소리는 나지 않게끔
마지막엔 뽑지도 않을 영수증
예의 차리며 여쮜봐 주고
햇살 같은 웃음으로도 야비할 수 있어
지속되는 자외선과 열사병
사랑에 데이는 과정
네가 받은 선물들 그거 다 몇 배로 돌려주자
애매하고 적당한 것들은 자국이 얕으니까

자 이제 잘 봐

혼신의 힘을 다 해 방치한 사람
이렇게나 아름답고 위태로운 덫이 되는 과정을

소설을 더 잘 쓰고 싶다는 욕심이 자꾸 들어
특별한 척하는 것만큼 쉬운 게 없다 그랬어

도마뱀의 눈

나름 넓은 원룸에서 쭈그려 앉아
일찍이 무언가를 손에 잡은 그들을 싸잡아 부러워한다
재벌이 많아진 세상이라던데
감사하는 것과 안주하는 것은 일맥상통한가
인사할 때는 어디까지 허리를 숙여야 하는지
여전히 잘 모르겠다
내가 가진 이야기에 그리 날 서 있는 비극은 없는데
고유한 농도는 희석되고
사람은 늙을수록 유해진다는 게
퍽이나 다행스러워지는 감이다
난 이제 언니의 협박을 듣지 않아도 된다

언어는 이해하는 사람들만이 읽었으면 좋겠으면서도
내가 쳐둔 울타리는 나사가 잘 풀린다
비겁하게 대충 가둬둔 양 떼가 달아난다
의미는 꾸물꾸물 기어오른다
당신도 텅 빈 눈동자로 텅 빈 골목을 걸어봤다면
대로변 한가운데에 떡하니
서 있는 나를 얼핏 보긴 했을 터이다
반면
새벽에 나돌아다니는 짓 자체를
좀처럼 하지 않는 이들도 있다
영영 이 구역에 발 들이지 않기를 빌어본다

가끔 궁금해진다
열아홉의 자아는 잘 기억나지 않으니까
육 차선이 넘는 도로를 무단으로 가로지른
그 충동은 어디에서 온 건지
이젠 대답할 수 있겠니
잘못한 사람은 없었다
그게 가장 날 괴롭게 한다는 걸 아는지

돌아본 과거 이력 중에
가장 부유하게도 받아 처먹은 게 많은 시절이다
뻔뻔했고 자기중심적이었고
그러나 괴로움은 괴로움일 뿐
그 이상으로 승화시킬 능력 같은 건 없었다
그래서 울분을 토해낸다
아직도 세상의 중심은 나다
사람인지라 시야가 좁나보다

도마뱀같이 살고 싶다
민첩하고 조용하고 예리하고
오른쪽과 왼쪽을 동시에 다 볼 수 있는

Necrophilia

미쳐있었댔지
비상식적이라고 묘사되는 그날의 선택들
우리 운 좋게 겹쳐있었던 때늦은 반항기가
미친 청춘의 막을 열고
허상이 나를 반기고 너를 환영하고
아주 짝 맞는 아이를 데려왔다며
우리를 끌고 어디론가 가버리지

지상의 언어로 설명할 수 없는 것들을 배웠어
화를 냈어 울었어 고함쳤어
피를 보고야 말았어
너를 너무 잘 알게 되었다는 사실은
곧 고개를 돌려 내 낭만들을 비웃고
불안은 불안의 고리를 이어 고개를 처박고

내 혼란과 과열은 전부 너라는 정점을 찍었지
그랬었지

손에 가진 것 결핍밖에 없었는데
어찌 그런 사랑을 잘도 했을까
그땐 네가 그저 누워있을 뿐인데 죽은 줄 알았어
이제는
분명 죽은 걸 아는데
그저 누워있는 거라 생각하기에 그쳐

제 4장.

그래도 우리는 서울의 밤 아래에

무알콜 모히또와 추억의 방

좋은 밤 보내고 있니

우리 같이 술을 마신 지도 오래됐다

이제는 땅굴로 숨기 바쁜 어른이들의 편지

나는 그래도 널 보면 닮은 구석이 있어 기뻐

조금은 어색해서 더 재밌었던 그때에는

도통 끝나지 않을 것만 같던 새벽과 함께였지

너희 동네 야경은 아주 옅고 드넓고

초라해 보이기만 했다면 그건

그 도시의 탓이 아니라

널 보던 나의 은근한 속내 때문이었겠구나

사람 보는 눈은 처음부터 없었던 것 같아

시간이 지날수록
첫인상과 달리 보이는 것들이 많아져
멍청하고 어리숙했다는 증거겠지
계속해서 돌이켜봐야 할 거야
결국은 누가 좋은 사람이었는지
오래 지속되는 것들엔 어떤 힘이 있는지

편의점을 들러 캔맥주를 사고
그 벤치에 앉아 노상을 까며
말이 너무 잘 통하는 상대와는
사랑에 빠지기 힘들다고 털어놨어
우리가 가진 목소리는 너무 낮고 웅장해서
온 세상이 듣지 못했지만 서로에겐 다 들렸지
네가 자랑했던 것들을 기억해
추억의 알피지 게임 주제곡이 흘러나올 거 같은 방
더는 치지 않는 피아노 옆에 앉아서
같은 속도로 나이 들고 싶어
사실 내가 마셨던 건 맥주도 아닌 음료수였던 거 같아
가끔은 무알콜로 충분할지 몰라

떠나가고 만나는 여정이 지쳐서

숨어버린 아이들아

또래가 되어 다시 만나자

방바닥에 앉아서 각자의 짐을 풀고

두 다리 뻗고 편히 울어버릴래

우린 다 같은 시대에 태어났잖아

언젠가 한 번씩은 그 번화가와 골목을 서성였잖아

그러니 앞으로는

잘못이나 용서 같은 건 없어도 되는

아주 친근한 동료가 되어줘

팽창하는 서사 속에서

슬픔을 나누면 두 배가 된다는 말이 더 와닿게 된 시점이다. 길바닥에 늘어져 누워있는 고양이 같은 친구가 되는 것은 나의 꿈. 지금 당장 없어도 언제든 있을 거 같고, 기온이 조금 떨어져서 헛헛함에 뒤돌아보면 멀뚱히 나타나 있는 그런 존재. 그 모습이 제일 고마워지기 시작한 건 왜일까. 아무리 누군가를 아끼고 부서져라 사랑해도. 그마저도 남아있는 것들을 지키려면 수많은 부질없음을 열심히 부정해 내야만 했다.

설명되지 않는 것들이 지겹고 휘말리게 되는 일들은 미안하다. 애인을 만나기 전에는 손을 닦고, 오랜만인 친구와의 만남에는 세탁한 옷을 입고 나간다. 잠자리가 어수선해도 그 사정은 침대에서 마무리 짓는 게 좋다고 들었다. 이기적인 배려심이라는 말이 맞다. 붕

떠 있는 기분은 달갑지 않고, 타인을 통해 무언가를 꿈꾸고 싶어지는 감정은 두려우니까.

한 명은 계속해서 문장을 써 내리고 다른 한 명 그 목소리로 음악을 한다면. 우리 모르는 사이가 되더라도 응원하고픈 사람이 있었다. 꽤 암담한 채도의 낭만도 허락해 주는 사람이었던 것으로 기억한다. 진정 배워야 할 사랑이 나에겐 여전히 많이 남았구나, 생각하게 됐던 날들이었다.

우린 감정을 너무 많이 옮겼고, 옮았다. 서로에게 결국 죄악이 된 기분은 그만큼 죽어라 사랑이었기 때문일지. 잘 모르겠다. 비슷한 무언가를 다시 꿈꾸고 싶어지는 날이 올지도.

그림자 놀이

인어는 목소리를 잃어 정말 슬펐을까? 그저 세상에 널린 시선들을 서술한 것에 불과한 것 아닐까 추측해 본다. 멀쩡히 목소리를 가진 사람 중 진심을 곧잘 말하는 이가 몇이나 되나. 상대방 너머 뒤편의 시멘트벽이나 쳐다보며 하는 대화에 울림이 없단 결론은 내린 지 오래다. 이젠 굳이 이 진절머리 나는 곳들을 뿌리치고 나가지 않는 내가 되었다.

칙칙해서 애매해져 버린 오후와 저녁 그 사이 빛 한 줄기. 그건 어느샌가 내 대피소에 안주하고 있던 것들을 쓰다듬는 손길이 된다. 결코 떠나거나 몰아치지 않는다. 아주 낮은 명도로 머무르지. 소음이 크지 못한 것들은 미약한 내 존재도 허락하곤 한다. 무력함의 이유라 생각했던 것들이 내 주위를 맴돌고 있기도 하는

구나. 그렇다면 사람이란 그 잘난 목소리를 가져서 이리저리 헤집고 끼어드나.

남들과 섞이지 못하는 팔자도 점차 나쁘지만은 않은 느낌이다. 정상 수치를 넘어선 예민함을 가진 대신에 자처해서 목소리를 버린 꼴. 그림자투성이가 된 방은 그럼에도 사람보다 낫다. 우린 결코 우리를 닮은 누군가를 보며 평온을 되찾을 수 없을 것이다. 실체와 자아를 가진 것들은 너무 쉽게 내 안의 추악한 것들을 꺼내 들어 보여주니까.

앞으로 인어는 목소리를 잃어서가 아니라, 사랑을 구원할 수 없어서 슬펐던 거라고 고쳐 말할 테다.

내향인

모두가 아픈 밤이구나. 각자의 무기를 들고 거침없이 행진하는 이들의 발걸음이 은근한 겁에 질려있다. 속을 알 수 없을 만치 뛰어난 사회성을 보이는 사람과 온몸에 냉랭함으로 철갑 두른 사람은 어떤 의미에서 매우 닮았고. 멀리서 보면 그들 전부 용감하고 찬란해 보인다는 게 또 하나의 역설이다. 저들이 사는 집은 각각 어떤 모습을 하고 있을까. 절망을 견뎌내는 방식을 일일이 기록해 둔 벽지는 그 개성이 흘러넘쳐 어디서도 구경할 수 없다.

대중은 우울과 고독을 세트로 묶인 상품처럼 봉합하고 포장해서 구석에다 던져두는 버릇이 있다. 탁하고 애매한 색의 파장들이 어디까지 화려해질 수 있는지 본 적 없구나, 하며 표정 하나 변하지 않고 그들의 쾌

씁한 시선을 도로 되갚아준다. 늘 공격적인 습성을 숨기고 살지만 바짓가랑이에 매달리진 않겠다고 다짐한 지 겨우 이틀 지났으니까. 분명히 모두 서로를 닮았지만, 모두를 품어줄 불량 폭죽의 축제는 절대 오지 않을 것이고 우린 누구보다도 그 점을 잘 알고 있다.

조금 웃긴 자부심과 티 나지 않는 동질감. 날 서 있지만 슬픔 묻은 눈빛으로 우연히 서로를 알아보자. 네 손아귀에 든 것이 칼인지 깃발인지, 심지어는 화가 잔뜩 난 낙서장인지 알 수 없지만. 아마 따지고 본다면 그건 창보다는 방패 역할을 하는 것이겠다. 아주 소극적이고 소심한 마음들. 튼튼하고 허술하고, 침울하게 해맑은. 아무도 먼저 등을 보이지 않은 덕분이었을까. 그 누구도 지지 않았고 억울한 사람 또한 없었다. 그러나 불완전함을 잔뜩 들켜버린 밤은 유독 더 소리 내 울고 싶어지는 법이었다.

생각하는 의자

어릴 적 야광 스티커가 잔뜩 붙어있던 방 천장
내 품에 안겨있던
수많은 인형과 소망들이
하나둘 줄어가는 동안
지겹도록 선물 같던 그 스물네 시간은
자유를 포로로 잡아둔 채 강박을 안겨주고
성취감보다는 조급함을 가르쳤어
울어대는 매미 소리와 초록
느낄 여유 없이 싫증을 내며
간신히 넘어온 계절을 겨우 세어보지
독서실 책상의 갈라진 틈들을 외울 정도가 되면
고개를 들어 봐

세상은 너 몰래 크리스마스 준비를 하고

그러니까

따라잡을 수 없는 속도로 멀어져간

너의 운석 같던 찬란함

그 평행선 상엔 누군가 묵묵부답으로 인내하고 있어

너는 몇 년만 지나도

그렇게나 싫다 했던 자격증 공부를 할 거 같아

그럼 나는 타투한 왼쪽 팔을 가리고

선생님이 될까

퇴근과 동시에 모든 허물을 벗는 상상을 매일 반복하며

숫자에 쫓기지 않는 존재 따위 지상에 없겠지

그렇다고 말해줄래?

갈아 끼우는 게 무의미해진 달력과

허름한 몸값을 계속해서 깎아내리는 지갑의 사정

우리를 소개하는 얇은 두께의 명함 쪼가리

생각날 거야

삐까번쩍한 것들에 불과한 이름표 달기

그것만은 싫다 박박 우겼지만

보다 나은 대책은 내놓질 못하던 유년기의 너와 내가
각자 부모에게 한 소리 듣고 와야 하며
쭈그려 앉아 있던 밤 열두 시 반

서서히 깨달았을지 몰라
잠식된 것 같은 그 얼굴들도 실은 대단한 존재였음을
찌들어가는 것이라고
뻔하다고 폄하할 자격은 누구에게도 없었어
그럴싸한 평범의 모습을 하고 있어도
우리는 우리만의 소녀가 있고
소년의 눈물을 기억하고
소나기 내리던 날의 색채를 간직하고 있으니까
삶들은 저마다 창대했다고

사각지대 아이들

대단한 시인들을 보면 할 이야기가 많은 것 같았다. 매 편마다 명료한 장면이 있었고 사물과 대상을 주워 담는 능력이 정말이지 남달랐다. 이게 다 경험이라면 그들은 전국을 넘어서 전 세계를 도는 배낭여행을 한 것인가. 지금 당장 내 현관에는 해진 신발들뿐이라서 그 길을 따라나섰다간 발바닥이 아작날 게 뻔했다. 덕분에 나는 오늘도 꼬깃꼬깃한 양말을 들고 걸터앉아 한참이나 멍을 때리고 있었다.

나이가 적은 것뿐인데 누구는 어리다 말하고 누구는 젊다며 부럽단다. 나는 언제쯤 내 이야기만 늘어놓는 짓을 그만둘 수 있을까. 어린 것은 언제쯤 약점이 아

닌 것처럼 느껴질까. 그때가 되면 미숙함과는 거리가
멀어진 이후겠지. 어른들의 말려들어 간 눈꼬리가 비
웃음으로 보이지 않을 때쯤. 어쩌면 전부 내 열등감
때문일 거란 불안한 의구심과 끝까지 입을 떼지 않는
어른들 특유의 고집은 날 미치게 하기에 충분했다.

아주 똑똑해지고 싶다고 생각할 뻔했다. 아주 똑똑하
고 여유가 넘쳐 당당해질 수 있다면 어린것쯤은 문제
되지 않을 것 같아서. 그러나 시간을 미리 앞질러 가
는 법 따위는 없다. 멸시를 받으면 받을수록 죽지도
않고 돌아온 내가 되고 싶어졌으니.

어른이나 아이나 한 번 보지 못하는 것은 끝까지 보지
못한다. 그 점에서는 어른이 더 멍청할지도 모르겠다.

어제는 너무 좁고 기다래서 위태로워 보이기까지 하
는 화병에 오랜 시간 고민하여 사 온 꽃들을 꽂아 넣
는 여자를 보았다. 건너편 베란다엔 아무도 모르게 청
록빛의 수풀을 잔뜩 키우는 한 청년도 있었다.

하나의 장르를 만들어내는 일에는 유연한 배움과 화려한 고집이 있어야 했다.

어쨌든 간에 고집은 있어야만 했다.

어린 청년

보고 싶다는 말을 들으면 꼭 더 멀리 가고 싶다. 어디까지 추격해 올 수 있어? 귀한 손님 뭐라도 선물 내어주려고 나가보면 창고는 텅 비어 있곤 했다. 애꿎은 그 커피잔 물들며 맺히는 방울들이 식은땀 같네. 이 상황이 긴장되고 어렵냐고 물었고 대답엔 집중하지 않는다. 네가 곁에 없는 날이면 알 수 있었다. 나는 얄팍히 젖은 네 구레나룻이 좋았던 것뿐이지.

주머니엔 여분의 휴지와 간식을 넣어놓고 다닌다. 취약한 아이의 손을 잡아주다 보면 나의 인내력을 시험할 수 있었다. 하루건너 하루쯤 얼굴 보는 것도 나쁘지 않다. 그래, 변덕은 충분치 않고 장난스러운 마음에서 오지. 늘 기다린다는 말은 언제나처럼 잘 믿지 않는다. 좋아함을 부풀려 사랑한다고 말하는 고백이 잠시나마 어렵지 않게 느껴졌다.

그러니까 언젠가 처음 해본 사랑의 맛을 기억해 낸다면 그것은 유지하고 싶은 마음이겠다. 취약함이 아닌 연약함과 안쓰러움을 포착해야 하는 일이다. 행동거지의 어색함과 불편함으로 위안 삼다 보면 내가 가진 모든 것들은 볼품없는 재료가 된다.

대체 뭘 빚어내고 싶었던 걸까? 잘 정돈 되어있던 축축해진 구레나룻이 눈에 들어온다. 쭉 잡아당기면 아프다며 금방 도망갈 것 같으니 미리 인사를 해야지. 너도 잘 가렴.

김빠진 고시텔

얼음 담가진 콜라를 싫어한다
단맛의 농도가 옅어지고
톡 쏘는 느낌은 맹해진다
더군다나 한곳에 오래 놓아두면
무엇이든 미지근해지고 마는 여름이다
까다로운 입맛은 미움을 사고팔기 쉽다
어쩌겠어 난 더위를 많이 타는 걸
한곳에 오래 머물지 못해서
어떤 시작이 불가한 계절

부지런하지 못한 나는
애쓰는 너를 보면 입맛이 떨어진다 말한다
험담은 자연스럽고 짜증은 너무나 쉽다

생생하게 살아 숨 쉬며

활어처럼 펄떡거리는 눈빛만큼

색채를 죽여놓고 싶은 게 또 있을까

동일한 의미에서

주황 파랑 겹겹이 옭아맨 여름 노을이 참 쓸데없다

이 풍경 앞으로 날 초대해 둔 네가

아무 말 없이 나를 돌려보내 주었으면

생각한다

삐질삐질 흘려대는 땀줄기는 그저 역하다

미화해서 내게 남은 것이 뭐가 있지

사람은 추억으로 살아간다는 말이 꼭 족쇄 같다

그러니 시시함은 족족 발견하는 대로

내 친구인 양옆에다가 놓아둔다

누군가 다가와 시시함을 물들이려고 한다면

그래도 바뀌는 건 없을 텐데

왜 나를 기분 좋게 만들려 하냐 묻겠다

칙칙한 게 좋은 사람도 있다고

거짓말 아닌 거짓말을 늘어놓는다

팔월 제철의 얼굴들은

파릇파릇함을 가지고 본인을 어필한다

그 기나긴 설득은 아마 실패할 것이다

나는 나가서 땀 흘리고 싶지 않아

숨을 거칠게 몰아쉬고 싶지 않아

끝내 기억한다

입김을 불면 냉랭함과 무채색이 서리던

홀로 보내던 시절 방 안의 창틀

그리고 그 온도를

버려진 것들이라면 전부 거둬들여 주던

정적의 계절이다

따뜻하다는 것들은 겨울을 보고 배워야 한다

식탁을 앞에 두고 사라져가던 것들을 떠올린다

몇 번만 더 생각하면 이내 완벽히 사라질 것 같아서

언제가 마지막 외출이었는지는 알 수 없고

따라두었던 콜라는 다 식어서 마시기 싫어졌다

거꾸로 걷는 사람

친애하는 것들의 순위를 매겨보자
한 달 하고 보름 정도를 지켜본 뒤에
나와 다른 것들은 도로 끄트머리 노란 선 주변에 둔다
사람 가려 대하냐는 물음엔
빈정거리는 팔다리
그래 다 보라고 일부러 그러는 걸지 모른다

죄가 없는 사람과 생각이 적은 사람이 만나서
죄가 생긴다
아주 천진난만한 장면이다
마음에는 법을 따져 물을 수 없다
작위적인 것들이 나날이 발전해 가는 시대에
여전히 통제할 수 없는 것들은
괴로움의 시작이 되고

생각이 뒤엉킨 사람들은 쥐구멍을 찾는다
그건 죄가 아닌데

배신을 할 거라는 둥 믿을 수 없다는 둥
남 탓만 하는 화법을 옹호한 적 없다
내 편이 모두 한마음 한뜻일 리 없으니까
그것만 알아두면 된다고 말했다
애써 경직되고 고단한 발걸음을 내디뎌야
상대방이 놀라 도망가는 일을 막을 수 있고
우리는 토로하는 법을 잊어야 한다
모든 행동은 계산되어 마땅한 것
우는 모습은 이미 많이 보여주고 말았으니

그러나 여전히 생각한다
새벽과
과도한 망상을 겸연쩍어하는 사람들은
그 덕분에 무엇이 태어나고 탄생했는지
보지 못했다
우리는 한 시도
토로하는 법을 잊은 적 없다는 사실을

외친다

토로한다

컴백홈

네가 부탁한 요일에 만남을 시작하고 나는 먼 허공을 주시하며 안녕하세요, 미루고 미루다 이제서야 뵙네요. 인사한다. 나는 정할 수 없는 것들을 미리 알아두는 것만으로도 사람이 강해질 수 있다고 믿는다. 처음 마주하는 낯선 것들은 뒷면에 유통기한이 적혀 있을 것 같아 자꾸만 등줄기를 훔쳐보게 되지. 그러다가 네 어깻죽지에 흘러내린 핏자국이나 멍을 발견하고 못 본 척하는 것은, 널 알게 된 지 겨우 세 시간도 채되지 않았는데, 하는 억울함이다. 불편한 마음은 아주 신사적으로 덜어내는 것이 남에게도 나에게도 좋은 듯하다.

매일 배정된 불안을 견뎌내는 일과는 나의 체력이 받쳐줬기에 가능했던 거라 생각한다. 꼬리에 꼬리를 물고 늘어지다 못해 몸과 정신 곳곳의 관절마다 뻗어나오는 기다란 것들. 미안하지만 너희를 놀아줄 힘이 없어, 불안과 망상이 한 마리 개가 되어 설치고 날뛰도록 충분히 풀어두었다. 마지막으로 개한테 물려본 경험을 떠올린다. 그때에도 저릿하게 몰리는 통증이 꽤 아프기보단, 파상풍 주사에 나갈 진료비가 아깝다는 생각이 먼저 들었었지. 분명 내가 키운 것은 아닐 그 성난 개의 송곳니를 멍하니 쳐다보며 출혈이 나고야 말 때까지 기다리는 거. 그것이 최선이다.

한 번쯤 예상해 보았던 수준의 위기가 닥쳐왔을 때 익숙하다는 듯 빠르게 대처하는 모습. 진정 아름다운 어른의 모습이라 여기는 게 맞나 고개를 갸우뚱거리게 되는 현상이다. 실낱같은 행복 따위는 무럭무럭 키워낼 새싹이나 모종보다 눈에 한 번 담고 뽑아내야 할 예쁘장한 잡초를 닮았다고 생각한다. 그러니 이제는 희망적인 존재의 목덜미와 능선 정도만을 구경하는 것에서 그친다. 아주 낯선 정원에 날 초대한, 그 행복 닮은 실루엣만으로 궁금증을 풀었으니 됐다며. 그렇게 뒤돌자마자 필사적으로 내 마음을 나보다 먼저 집으로 향하게끔 한다.

과일 저글링

커다란 수박이 있으니까 오렌지가 작은 거다
체리 같은 것들만 있었더라면
오렌지에 작다는 수식어를 붙일 순 없었겠지
모두가 우리 손안에 든 보자기를 헤집어 풀어볼 때
가소로운 내기를 했었다
그들이 다물지 못하고 벌려둔 입술의 각도를 재보자고
어떤 불행들은 콧대가 높아서
체리 꼭지를 들어 혓바닥으로 농락한다
그러면 이기는 것 같은 기분일까
우울도 장르를 타고나는 시대
그렇지만 굳이 고르자면 수박보단 오렌지를 가로채
겠다
경중을 재고 따질 이유 따위 없었다면
저울은 어쩌다 태어났을까

수박을 먹어도 오렌지를 먹어도 체리를 먹어도
사람이 쉽게 체하진 않는다
엄마가 뭐든 항상 꼭꼭 씹어먹으랬는데
내 앞에 놓였던 것들은 다
위험해 보이긴 개뿔 달콤하고 예쁘기만 했다

장애물 피하듯 불행에게서 벗어나기란
아주 먼 미래의 소설 같다
오렌지와 함께한 사람은
체리를 주웠던 사람의 일기장을 덮어버린다
수박에 깔려본 사람은
오렌지든 체리든 상관없다고 생각한다

모든 일이 그랬다.

천 년(陳念)

우리 이야기에 만약은 싫다고 말하는 남자 주인공을 보며 생각한다. 민망함과 막연함을 무릅쓰고도 순간의 진심 그대로를 마지막으로 뱉어본 적이 언제였을까. 가능과 불가능은 딱히 중요한 게 못 되지만, 늙어가는 마음들은 언젠가부터 지키지 못할 약속의 개수를 세고 있을 테다. 가능한 오래 뜬구름 잡는 소리나 하고 싶었지만 사랑은 때때로 물어보지 않은 것들도 알려줄 만큼 지독히 친절했다.

영화와 다른 우리의 세계는 세트장이 아니다. 이곳의 배경은 쏜살같이 흐르고 우리는 필사적으로 지켜야 할 각자의 것들을 이해하지 못한다. 잃을 게 없는 무법지대의 사람이 될 수 없을 테니까. 버릴 수 있는 것 중 가장 간편하고 손쉽다는 말도 틀리지는 않았고 그

거 아무래도 너무 슬프잖아, 하는 하소연은 힘이 없다. 인정해야지. 우린 돌아가야 할 곳이 많아도 너무 많다.

도망을 치자느니 같이 떠나자느니 하는 문장을 그리도 좋아하는 데엔 이유가 있겠지. 사람에게 있어 발목을 붙들어 매는 것은 단지 추억과 정만이 아니라 했다. 알면서도. 죄다 버릴 수 없다는 걸 알면서도 영원이란 것에 마지막 믿을 구석 하나쯤은 남겨두고 싶어지는 법. 그렇게 사랑의 구 할은 이미 야위어버린 것들을 붙잡는 마음에 체류한다. 아직 오지 않은 것들을 가정하지 않으면서, 그렇게.

매니악 방정식

뻔하고 그럴듯한 말은 싫어진 지 꽤 됐다. 노래에서
도, 글에서도, 심지어는 사람도. 예상이 쉽고 누구든
뱉어낼 수 있는 조합이라면 식상함이 치를 떨게 한다.
겨우 그 말이나 듣자고 대충 얼버무린 사연이라면 왜
이 먼 타지까지 와서 널 찾겠니, 화를 내기도 애매하
다. 그런 말 하는 인간들은 다 약속이나 한 듯이 착실
한 얼굴을 하고선 서 있으니까. 재미없어. 어쩌면 내
가 남의 진심 어린 표현을 넘겨짚는 오만함일 수도
있겠지만, 어쨌든 간에 취향은 안 맞는다고.

누구나 취향을 공격적으로 선언할 수 있는 시대라면
어땠을까. 내게도 어김없이 활시위가 당겨졌을까. 내
가 겪은 사랑만이 사랑 같고 우스워도 예쁜 단어만

조립하기 바쁘지. 무례함의 경지에 오른 것 같다가도 그렇다면 덤벼라 하는 게 사납기 그지없다. 사람이란 게 언젠간 본인이 걸어왔던 그 길조차 깔깔대며 비웃는데. 덕분에 나는 종종 스스로에게 오만 정이 다 떨어지기도 한다.

사랑을 몇 번이고 적어내다가 눈물에 젖어 흘러내린 그런 글은 종이가 쉽게 찢어져서 읽어낼 수가 없지. 그러니까 예측 가능한 말만 하는 판엔 총구를 겨누자. 다 허물어진 폐가 앞에 호화로운 정원을 차리고 싶다는 꿈이 있으니까. 되게 안 어울리게. 같은 취향의 사람들이 많아진다면 또 도망을 가면 된다. 각자의 매니악함을 움켜쥐고 파고들어 세상에 여러 층을 내자. 층층이 쌓여 행성의 얼음 먼지 띠가 되든 무지개가 되든 할 테니.

검은 날개와 푸른 편린

초판 1쇄 인쇄 2025년 11월 17일
초판 1쇄 발행 2025년 11월 17일

지은이   서지안

표지 디자인 호야양 hoyayangdesign@gmail.com
본문 디자인 포레스트 웨일
펴낸이   포레스트 웨일
펴낸곳   포레스트 웨일
출판등록   제2021 - 000014 호
주소   충청남도 아산시 탕정면 용머리길 40 유니콘101 216호
전자우편   forestwhalepublish@naver.com

종이책   979-11-94741-67-1

작가님들과 함께 성장하는 출판사
포레스트 웨일입니다.
작가님들의 소중한 원고를 받고 있습니다.
forestwhalepublish@naver.com